Kooikerhondje

Finn Nielsen

Indhold

Indledende

Menneskets bedste ven bærer ikke sit navn for ingenting. Mange mennesker kan ikke længere leve uden deres elskede firbenede ven, men anskaffelsen af en hund går normalt ikke glat. Kun få ejere forstår, hvor meget tid og kærlighed der skal investeres i et dyr. Desuden har forskellige hunderacer brug for forskellige former for hjælp. Derfor bør man, inden man anskaffer sig en hund, foretage omfattende undersøgelser for at finde ud af, hvilken hunderace og hvilken karakter der passer til ejeren, for ikke alle racer er egnede som familiehund.

I denne bog vil den nederlandske Kooikerhondje blive introduceret. Det er en meget populær race, der kan bruges både som familiehund og som "arbejdshund", f.eks. til jagt eller livredning.

Han passer ind i de fleste familier og er hurtig til at tilgive, hvis hans trang til at flytte sig ikke kan opfyldes. Det er en hund med en masse energi, der tilpasser sig sin ejer. Han er derfor velegnet som hjælpehund, men han har det også godt med sportsfolk. På grund af sin ret lille størrelse kan den godt holdes i lejligheden og er særlig venlig over for børn. Hans faktiske avlsgrundlag er dog foruroligende lille. Denne bog vil forklare, hvorfor de nederlandske Kooikerhondjes næsten er uddøde. Der fødes højst 500 nye hvalpe hvert år. Til sammenligning kan det siges, at de populære Golden Retrievere har 2000 til 2500 hvalpe om året. Ikke desto mindre er Kooikerhondjes klare favoritter, som er lette at træne. Det betyder samtidig, at der stadig kun er få opdrættere, og at man af og til må foretage lange bilrejser for at finde en egnet og velrenommeret leverandør. Det skal således tages i betragtning, at erhvervelse af en raceren og frem for alt sund Kooiker-hvalp ikke er uden firecifrede omkostninger.

Den, der alligevel ønsker at tage en Nederlandse Kooikerhondje til sig, vil hurtigt kunne knytte et tæt bånd til ham. På grund af sin velafbalancerede og loyale natur føler han sig meget tilpas i nærheden af mennesker, og især leg hver dag er meget spændende for den lille hund.

Men selv den mest afbalancerede race kan give problemer, især når du adopterer en ældre hund, der kommer til et nyt hjem med en fortid. Denne bog vil derfor ikke kun forklare, hvad der gør Kooikerhondje så unik og populær, men den er også en guide til generel opdragelse og træning. Kooikerhondje behøver således ikke nødvendigvis at forblive en familiehund, men af dens historie kan man lære, at den er en fremragende jagthund uden vildtskarphed. Det kan bruges til noget godt.

Den nederlandske Kooikerhondje er i øvrigt særlig populær blandt de yngre generationer, da dens smukke udseende gør den meget populær på de sociale medier. Allerede i det 16. og 17. århundrede lavede kunstnere oliemalerier, som f.eks. den berømte kunstner Rembrandt van Rijn eller Jan Steen.

Den nederlandske Kooikerhondje

HISTORIEN OM KOOIKERHONDJE – HVOR KOMMER HAN FRA?

Historien om denne lille spaniel går tilbage til det 16. århundrede. Den hollandske kooikerhondje er således en af de ældste hunderacer. Kooikerhondjes blev først set i Nederlandene, hvor deres store potentiale blev opdaget i forbindelse med andejagt. Andejagt adskiller sig fra andre former for jagt, da den indebærer brug af såkaldte "koois". Der er tale om særlige andefælder, som ænderne skal lokkes ind i. Kooikerhondjes viste sig at være frontløbere, da de var særligt menneskevenlige, men lige så gode til at drive ænder, og derfor hører de nederlandske Kooikerhondjes i dag til "fuglehundene".

Fuglehunde er i dag bedre kendt som "fortrækkerhunde". Inden for jagt er forspændingshunde hunde, der ikke kun påtager sig én opgave, men som er allroundhunde og derfor kan påtage sig mange opgaver. De er de mest populære ledsagere for jægeren, da der kan dannes et godt bånd med dem. De fleste forfølgehunde kan påtage sig alle aspekter af en jagt. Det betyder, at en forfølgningshund kan spore og skubbe eller drive et vildt før skuddet, og efter at skuddet er udløst og vildtet er blevet dræbt, kan det spores og genfindes. På grund af nogle racetypiske egenskaber er det ikke alle hunde, der kan udføre alle disse opgaver. Nogle hunde er simpelthen for store til at blive brugt til at starte, andre er for små eller ikke hurtige nok til at kunne køre aktivt. Ikke desto mindre kan de fleste hunde bruges som forfølgerhunde, fordi de er højflyvende hunde, der ikke adskiller sig direkte på grundlag af racens egenskaber, men er underlagt jægerens præferencer. Det betyder, at dyrets karakter spiller en stor rolle. Ikke desto mindre kan man grundlæggende sige, at en skulderhøjde på mellem 47 og 70 centimeter foretrækkes af jægerne. Pelsen bør heller ikke være for lang. Blandt de populære fortrækkerhunde kan nævnes Deutsch Drahthaar, Deutsch Stichelhaar og Deutsch Kurzhaar, store og små Münsterländer, de engelske repræsentanter for English Setter, Gordon Setter og Irish Red Setter samt English Pointer og Pudelpointer, de franske hunderacer Griffon, Braque Francais og Epagneul Breton samt den gamle tyske Weimaraner og den ungarske favorit Magyar Vizsla.

Gennem profilen, som vil blive forklaret i raceportrættet, er det tydeligt, at Kooikerhondje's skulderhøjde er noget lille for en fortrækkerhund. Som forklaret afhænger det dog af karakteren. En rolig og venlig Kooikerhondje vil således ikke gøre sig godt mod rødt eller elgvildt, men inden for andejagt er den en fantastisk fortrækkerhund.

Den har ikke altid været kaldt "forspidsningshund". Dette er et relativt nyt begreb for nutidens jagthund. Tidligere blev disse hunde kaldt "fuglehunde". Grunden hertil er enkel: de blev brugt til at jage fugle med.

I detaljer er det dog lidt mere kompliceret. I det 16. århundrede gik en enkelt jæger på jagt med flere hunde, som hver især havde en anden opgave. Spolhundene fulgte sporet, Bracken-hundene eller nutidens svedhunde gik efter sveden og dermed blodet fra et vildt, hvis det allerede var blevet skudt, og hundene bragte det skudte vildt tilbage til jægeren. Alle disse skridt var nødvendige for at klare sig med datidens begrænsede metoder. Kun fuglejagt krævede kun én hund, som kunne udføre alle de opgaver, som jægeren krævede. En fuglehund var "talentmæssigt" foran de andre hunde.

Især den nederlandske Kooikerhondje var således særlig efterspurgt for 500 år siden, hvilket førte til, at Kooikerhondjes næsten uddøde i det 20. århundrede. Deres fremragende jagtkvaliteter var ikke tilstrækkelige under Anden Verdenskrig, og derfor var der kun få eksemplarer tilbage i god form omkring 1939. Dyreelskerinde og baronesse van Hardenbroek van Ammerstol oprettede derefter et katteri med de ca. 20 eksemplarer, hun kunne finde i landet. Denne nye race havde en vanskelig start, og det tog mange år, før de første unger blev opdrættet. Det siges, at tæven "Tommie" har født de første hvalpe, som konsoliderede avlen igen. Hun blev anerkendt af Raad van Beheer i 1971 og er nu kendt som forfødte mor til alle Kooikerhondjes.

I 1990 fulgte den næste anerkendelse af hunderacen: FCI-klassificeringen. Siden da er Nederlandse Kooikerhondje blevet klassificeret i den såkaldte gruppe 8 "Retrievere - Vandhunde" i den anden afdeling "Retrievere".

Selv om den lille spaniel næsten var uddød for mindre end 100 år siden, registreres der i dag 500 nye hvalpe hvert år. De anses for at være glade familiehunde og har kun en middelmådig trang til at bevæge sig, hvilket er grunden til, at de er særligt populære på krisecentre og avlsstationer.

DEN HOLLANDSKE VANDHUNDEHUND: FAVORIT PÅ ANDEJAGT

Selv i dag betragtes Nederlandse Kooikerhondje som en favorit inden for andejagt, men der er ingen tvivl om, at andejagten har ændret sig meget gennem århundrederne. For at forstå alle aspekter af den lille spaniel vil de forskellige jagtstilarter for ænder blive forklaret her.

Omkring år 1500 blev der anvendt såkaldte "duck kooies". Her kan vi allerede se, hvorfra dagens familiehund har fået sit navn. Kooi repræsenterer en kanal, som der blev bygget store hegn omkring, som endda dækkede kanalen. Det lignede nærmest et ekstra stort og langt bur, som forhindrede ænderne i at flyve væk, når de dunkede rundt i kanalen. Den nævnte kanal endte i en fælde, hvor de egentlige jægere nu kunne fange ænderne med lethed, selv om det krævede en smule fingerfærdighed at fange ænderne, der fløj rundt. For at forhindre ænderne i at vende om og svømme tilbage ud af buret, blev der brugt hunde til at drive ænderne hen til jægerne. Kanalerne var normalt ikke særlig dybe, så en hund kunne let løbe efter dem, hvilket med fire ben var en meget lettere opgave end hvis et menneske forsøgte det, og i sjældne tilfælde padlede hunden også efter dem.

De hollandske Kooikerhondjes viste sig hurtigt at være en favorit, da de ikke blot var særligt hurtige til at lære, men også venlige og legesyge. Da denne form for jagt ikke handlede om, at hunden skulle dræbe en and, men blot drive den, var der ikke brug for en blodhund - en betegnelse for en hund med en særlig fin næse, der følger det skudte dyrs sved (blod) og opsporer det - og heller ikke for en forfølgerhund - der normalt bruges til at dræbe et dyr, hvis et enkelt skud ikke var nok - men en simpel forfølgerhund var tilstrækkelig.

I dag anvendes spulehunde både "før og efter skuddet". I det 16. århundrede blev spulehunde dog kun brugt "før skuddet". Det betyder, at de altid blev brugt, når det drejede sig om at opspore et vildt dyr. Ved andejagt betød det, at Kooikerhondjes kun blev brugt før jagten. De dræbte hverken vildtet eller bed i fjerene for at holde det. Kun den lille spaniel blev brugt til at drive flokken, den egentlige jagt blev udført af menneskene, der placerede sig for enden af kooien og lod de forskrækkede ænder komme til dem.

I dag anvendes denne forældede og i eksperternes øjne grusomme metode ikke længere. De nuværende jagtbestemmelser, som alle jægere skal overholde, fokuserer på dyrenes velfærd. En jagt kan aldrig være skånsom, og enhver jæger skal være klar over, at et dyrs liv bliver taget, men de rette betingelser kan sikre, at dyrets sidste øjeblikke hverken er smertefulde eller stressende. Dette kunne ikke være tilfældet med den metode til andejagt, der blev anvendt dengang. Dyrene kunne allerede på afstand se jægerne, som kun ventede på, at ænderne skulle komme inden for rækkevidde. De vidste allerede minutter i forvejen, at der ikke var nogen mulighed for at flygte. I dag anses dette for at være grusomt, og derfor anvendes denne metode ikke længere; i stedet ser andejagten i dag anderledes ud.

I dag skal man især være opmærksom på, hvilke svømme- og dykænder der må jages i Tyskland, for ikke alle er frigivet til jagt. Jagtperioden er også ændret. Hvor det tidligere var tilladt at jage hele året, er tidsvinduet i dag ret lille, da ænder kun må jages, når de er på træk. I yngletiden er de beskyttet. Jagtsæsonen starter den 1. september eller 1. oktober, og uanset om der er tale om andejagt eller ej, slutter jagtsæsonen den 15. januar.

Hvorfor er der jagt i dag under dyrenes vandring? Det skyldes, at mange andearter er truet af udryddelse og er opført på rødlisten. I ynglesæsonen bliver dyrene ladt i fred, så de kan formere sig og sikre den fortsatte biodiversitet. Det er også forbudt at jage unge dyr.

Da ænderne er på træk på jagttidspunktet, kan de ikke længere fanges i en kanal, der er indhegnet på alle sider. De er på farten og svømmer derfor ikke meget i kanaler, søer og damme. I stedet fokuserer den nuværende jagtmetode på at jage dyrene, mens de søger føde. Det betyder, at andejagten finder sted på kornstubmarker eller majsmarker. Klassisk set finder jagten dog stadig sted i nærheden af vandområder.

I dagens andejagt kan der anvendes fire forskellige metoder. Der er stalking, andestalking, drevet andestalking og kirrung. Kirrung og andejagt vil ikke blive diskuteret yderligere her, da hunde ikke tages med som hjælpere. Det sker kun under jagten og under jagten.

I modsætning til drivjagt beskriver drivjagt en metode, hvor der kortvarigt udøves så meget stress som muligt på det jagede vildt, så jagten kan afsluttes så hurtigt som muligt. Drivjagt er velegnet i åbent terræn på enge eller marker. Det kræver et bredt synsfelt, og derfor er andejagt sammen med harejagt en af de få bevægelser, hvor drivjagt kan bruges med god effekt. Det vigtige ved en jagt med drivet jagt er, at det kun er tilladt at skyde på et såkaldt "bestemt sigte" - det er det, som hundene er nødvendige for. Ænder er særligt gode til at gemme sig. De har tilpasset sig livet i floraen og faunaen og har ofte en fjerdragt, som er svær at skelne fra omgivelserne. Desuden bliver ændernes fjerdragt mørkere under trækket, og efter ynglesæsonen tilpasser den sig således farven på de bare marker. Det menneskelige øje er ofte ikke nok til at se en and på en afstand, der er tilstrækkelig lang til, at dyret ikke straks bliver forskrækket og flyver væk. I dette tilfælde er det en god idé at tage hunde med på jagt, da deres næse er et meget bedre detektionsorgan end det menneskelige øje.

Desuden er det hundens opgave at skræmme det jagede dyr. Ænden skal drives ud af sit skjul, så jægeren nu har frit udsyn. Dyret udsættes udtrykkeligt for et højt stressniveau. Den føler sig ikke kun trængt op i et hjørne af hundens høje lyde, men også angrebet. Den forsøger derfor at finde en flugtvej: Den flyver opad. Hunde, der bruges til drivjagt, skal ikke kun kunne modstå konstant adrenalin, men de skal også have tilstrækkelig udholdenhed. Det er ikke alle hunderacer, der kan leve op til disse krav. I dagens andejagt er det lidt anderledes: Selve jagten kan strække sig over flere kilometer. Det kræver hunde, der er i topform. Nutidens andejagt er derimod meget kortere, da ænderne ikke drives direkte, men snarere forskrækkes. I den forbindelse er det især gamle hunde, der gerne tages med på andejagt, da de ikke længere kan følge med i en normal drivjagt, men stadig kan hjælpe til på jagt i deres gamle dage.

Ud over en drivjagt kan der også være en jagt. Det er ikke kun en af de ældste jagtmetoder, men den følger også et enkelt mønster. Mens en drivjagt aldrig kan udføres alene, er en jagt på en enkelt jagt eller en jagt i små grupper på to til tre jægere en jagt på en enkelt jagt. Bogstaveligt talt beskriver stalkingmetoden behovet for at stalke. Dette sker særligt stille og så ubemærket som muligt. Også her er det kun tilladt at skyde på direkte sigte, og derfor forsøger jægerne at komme så tæt som muligt på vildtet.

Selv om jægeren og hunden er i bevægelse, er stalking ikke en bevægelsesjagt. Det skyldes, at der på den ene side ikke er nogen bevægelse under direkte skydning, og på den anden side forbliver spillet ubevægeligt. Lejlighedsvis er spillet optaget i liggende positioner. I lighed med en skjulejagt, hvor jægeren venter ved et skjul, mens hunden driver vildtet rundt i omgivelserne, er stalking derfor ikke en bevægelsesjagt.

Det kan virke kontraproduktivt, men hunden har været en vigtig følgesvend på jagt siden jagtsæsonens begyndelse. Lige så stor og skræmmende som den kan virke, lige så stille kan den også være. I teorien kan en jæger gå på jagt alene, men der er mange elementer, som hunden kan lette. Det kan f.eks. altid ske, at mennesket bliver hørt eller set af spillet. I disse øjeblikke vil spillet hurtigt løbe væk. Inden for den tid, hvor hunden er på jagt, kan der så opstå en drivjagt, hvor hunden forsøger at drive vildtet tilbage til jægeren. Desuden er hunden god til at forfølge mindre dyr og fange dem selvstændigt, f.eks. harer og ænder.

Uanset hvilken metode der foretrækkes, er Nederlandse Kooikerhondje førende og favorit til hver metode. Ved stalking vælges små henholdsvis rolige hunde, som ikke har problemer med at arbejde dybt på jorden og kæmpe sig gennem underskoven. Da den hollandske Kooikerhondje er klassificeret som en lille spaniel, er den særlig populær. Desuden bliver mange hunde ophidsede ved synet af vildt: De klynker eller laver bløde lyde. Kooikerhondje er en rolig hund, som ikke kun er familieorienteret, men også stressresistent i enhver situation.

Desuden skal man her være opmærksom på spillets skarphed. En hunds generelle skarphed forstås som en allestedsnærværende parathed til kampagtige konfrontationer. Der findes mange forskellige skarpheder: vildtskarpheden, rovdyrskarpheden, skuespilsskarpheden og mandskarpheden. Hvis du ønsker at få en hund, der skal leve sammen med din familie og små børn, skal du sikre dig, at hunden ikke har nogen af disse skarpheder. Kampagtige konfrontationer kan føre til alvorlige kvæstelser. Inden for andejagt og især ved stalking er det vigtigt, at man er opmærksom på skarpheden af vildtet. Vildtskarphed beskriver en hunds evne til egenhændigt at dræbe sygt eller skadet vildt, f.eks. vildt, der allerede er blevet skudt. Det drejer sig også om hundens evne til at præsentere og nedlægge klovbærende vildt. Klovbærende vildt henviser til klovbærende dyr som kronhjort, rådyr, rådyr, vildsvin og elg. Det er dyr, der er betydeligt større end en almindelig hund. Ikke desto mindre kan en hund klare et sådant dyr, men når der er tale om stalking eller andejagt, er det upraktisk. Der er brug for en stille og rolig ledsager, som ikke gøer eller gør opmærksom på det. Igen er de Nederlandse Kooiker-hondjes velegnede.

De blev i århundreder trænet til at padle bag ænder for at drive dem sammen. Det drejede sig mindre om højlydt gøen og ikke om at virke særlig aggressiv. I stedet så hundene den tidligere andejagt som en leg, da det var de menneskelige jægere, der dræbte dem.

Den nederlandske kooikerhondje er således en favorit inden for andejagt, både i det 16. århundrede og i dag.

KOOIKERHONDJE RACEPORTRÆT - PROFILEN

Den hollandske Kooikerhondje er en glad og frem for alt livlig følgesvend, som ikke kun er villig til at lære, men også er særdeles samarbejdsvillig. Desuden er det en meget intelligent hund, der er let at træne og derfor også er velegnet til begyndere. Han udstråler sin livsglæde og gør det på en afbalanceret måde med en masse lydighed. Den lille spaniel er således

hverken højlydt eller aggressiv. Over for fremmede kan han ofte virke ge-
nert og reserveret. Trods sin livsglæde springer han ikke ud efter
besøgende på dyreinternatet eller i en kennel. Medmindre en historie er
kendt, reagerer Nederlandse Kooikerhondje ikke med aggression på
grund af dens racekarakteristika.

Hans karakter er så meget desto mere legesyg og af og til lidt tem-
peramentsfuld. Ikke desto mindre udgør han ikke nogen fare for børn, da
han har vist sig at være et meget forsigtigt væsen. Kooikerhondje er en
hund, der ikke har brug for så meget motion som en Weimaraner, en an-
den fortrækkerhund, om end den er meget større, men den har brug for
en hel del opmærksomhed. Den er en behagelig selskabshund for familier
af alle slags og er også meget tilpasningsdygtig, så den kan klare sig med
mindre motion, end det egentlig er godt, men leg skal stadig være et
dagligt ritual sammen med kælen, da det er en loyal hund.

På trods af sin tilpasningsevne kan Kooikerhondje også have en
masse energi. Nogle eksemplarer er derfor særligt aktive og ivrige efter
at bevæge sig, og derfor er den også en god ledsagehund for atleter og
energibevidste mennesker. Så den kan sagtens tages med på jogging- el-
ler cykelture. Ligesom den lille spaniel er komfortabel indendørs, kan en
trænet Kooikerhondje nemt følge med højtydende atleter. Balancerede
aktiviteter i den friske luft er særligt givende, da han kan lide at snuse
rundt i underskoven. Det er vigtigt at forklare, at en problemfri tilbage-
kaldelse i en ung alder er meget vigtig. I denne bog vil der blive lagt særlig
vægt på dette.

Kooikerhondje er også en stærk repræsentant inden for enhver
hundesport, og selvfølgelig må man ikke glemme den årlige badning om
sommeren. Disse hunde er særligt glade for alle former for vand og kan
derfor også tages med på fisketur.

Den hollandske kooikerhondje repræsenterer således en aktiv
hund i alle livssituationer. Han er lige så aktiv og afbalanceret, men er
mindre velegnet som ledsagerhund for handicappede mennesker. Han er
en meget intelligent hund, som lærer meget hurtigt, men som også har

sin egen vilje og følger den. Indimellem kan han være lidt temperaments-fuld eller stædig. Det skal dog siges, at der ikke er nogen racebegrænsnin-ger for såkaldte hjælpehunde. I teorien kan enhver hund trænes til at blive en anerkendt hjælpehund, men i praksis viser det sig at være vanskeligt med en Nederlandse Kooikerhondje, selv om der ikke er nogen grænser for en ambitiøs hund. Han er også mindre egnet til redning af liv. Han er en fuldvoksen familiehund med tilstrækkelig udholdenhed og energi til sportsfolk.

Udseendet af en Nederlandse Kooikerhondjes er svært at sammen-ligne med andre hundes udseende. Den er klassificeret som en lille jagt-hund med en såkaldt "harmonisk" bygning. Dette tillægsord beskriver en hunds proportioner. Den lille spaniel har således en næsten kvadratisk og dermed harmonisk proportioneret krop.

Som det er typisk for spanieler, har de store, slappe ører, som de, ukarakteristisk for en spaniel, har løftede ører. Selve pelsen er plettet. Grundpelsen er hvid, mens den såkaldte overpels er orangerødlig plettet og spredt i store pletter fra hovedet til halespidserne. I de fleste tilfælde er topcoaten mellemlang og glat. Lejlighedsvis kan der forekomme bølgede eksemplarer. Underpelsen er derimod meget tæt og blød.

Et særligt kendetegn ved Nederlandse Kooikerhondje er de øre-ringe, som han stolt bærer på sine fløjteører. "Oorbellen" er sorte hår, der hænger ned fra midten af ørerne og er meget længere end selve ørerne. Det giver en effekt, der minder meget om øreringe.

Allerede i hvalpealderen krystalliserer de sorte hår sig i de lodne ører. For at opnå den fulde effekt skal hunden først være fuldt udvokset. Det samme gælder for halen. Som hvalp ligner Kooikerhondjes' hale næsten en gravhund eller terrier. Først lidt senere kommer der en dunet hale frem, og den lille spaniel bærer sin hale lige over ryglinjen.

Træning af jagthunde

Uddannelsen til statsgodkendt jagthund er et valgfrit skridt. Hvis du over-vejer at få en Nederlandse Kooikerhondje som familiehund, kan du springe dette trin over, men på grund af den lange jagthistorie kan nogle trin og metoder til jagthundetræning hjælpe i en hunds hverdag. Målet med jagthundetræning er ikke kun, at jæger og følgesvend skal kunne gå på jagt sammen, men det handler om at opnå hverdagsmetoder, som en-hver ejer bør kende. Disse omfatter at gå uden snor, at lære og udføre kommandoer, at komme tilbage til ejeren, når han/hun bliver bedt om det, og at opføre sig korrekt over for andre mennesker og hunde. Alle disse ting er vigtige i jagten, men også i hverdagen. Da nogle meget vigtige aspekter behandles her, er jagthundetræning opført i denne bog før den egentlige opdragelse af hunden.

Uanset om det er til jagt eller som familiehund, er det vigtigt at starte opdragelsen i hvalpetiden. Hunden skal lære, at ikke al adfærd er god, og at der kan opstå farlige situationer under jagten. Det skal f.eks. forstås, at der altid vil være en vis grad af fare, når man håndterer et våben. Hvis man lader en utrænet hund komme i nærheden af en jagt, kan det resultere i alvorlige skader, som kunne have været undgået.

I den forbindelse skal en statsgodkendt jagthund først bestå en prøve. De mange eksamensregler er ofte ikke lette at forstå, og især ny-begyndere kan hurtigt blive overvældet. Disse eksamensregler handler ikke kun om at teste generel lydighed - denne del af eksamen kaldes "Lan-deseigene Brauchbarkeitsprüfung" - men er også racespecifikke eksame-ner, der er specielt tilpasset den enkelte hunderace. Dette skyldes jagthistorien, da mange hunderacer blev opdrættet til direkte brug i jagtøjemed og ikke betragtes som kæledyr. Det betyder også, at ordet "arbejdshund" kan anvendes i prøven.

I løbet af de seneste årtier er retningslinjerne blevet ændret flere gange, da der er sket et moralsk skifte med hensyn til dyrevelfærd i løbet af de seneste 100 år. Nogle regler er blevet strammet, mens andre er blevet lempet. For blot få år siden skulle en kommende jagthund f.eks. stamme fra en bestemt race, der var anerkendt til avl af jagthunde. For at kunne træne sin egen hund til at blive statsanerkendt jagthund var det nødvendigt med et dokument, der beviser jagtpræstationens avl. Selv i dag er der stadig delstater, der ønsker at se et sådant bevis for præstationsavl i det skriftlige bilag, men antallet af disse delstater er begrænset, og i de fleste tilfælde fraviges et sådant bevis, så længe hunden kommer fra en godkendt jagthunderace eller en vis procentdel i tilfælde af blandede racer tilhører en anerkendt jagthunderace. I mellemtiden kan man derfor også undvære en nøjagtig stamtavle - i mange avlsforretninger overdrages stamtavlen til køberen. I dag er det tilstrækkeligt, hvis hunden har et chipnummer, eller den kommende jæger kan identificere sin hund med et kæledyrspas, hvis hunden ikke er chippet. Identifikationen af hunden i dag er således meget lettere end for få år siden.

Selve prøven omfatter følgende områder: generel lydighedsprøve, apportering på land og i vand, byggearbejde og svejse- og apporteringsarbejde. Alle disse emner skal præsenteres i en demonstration. Det skal her bemærkes, at ikke alle hunde er egnede til alle fagområder. En Weimaraner er f.eks. for stor til at påtage sig den opgave, som en gravhund skal udføre, og forsvinde ind i en ræve- eller grævlingegård. Det er lige så vanskeligt for en gravhund at påtage sig opgaven som en forspejderhund som f.eks. en Weimaraner og tage på rødt og elgvildt og hente store skudte fugle. Ikke desto mindre er alle de nævnte områder grundlæggende emner, som ikke skal perfektioneres, men forstås. De testes i jagthundens egnethedsprøve for at sikre, at der ikke opstår skader på nogen af de nævnte områder. Det skyldes, at der på en jagt normalt er mange andre jægere, der arbejder sammen med deres hunde. Derfor er det vigtigt, at den kommende jagthund ikke forsvinder ind i en hule sammen med en lille gravhund, da gravhunden ikke har forstået, at det er jagtarbejde og ikke en leg. Et andet eksempel kan bruges med apporterende hunde. Deres arbejde begynder udelukkende efter optagelsen. Før eller under skuddet venter jagthunden dog ikke i jægerens bil. I stedet holder han sig tæt på sin ejer og skal vide, hvornår hans opgave begynder, og at han ikke bare løber sammen med hunde, der peger eller apporterer. Alle aspekter af en jagt skal forstås sammen med den, selv om det primære anvendelsesområde kan være et andet.

Både for hunde og mennesker er der meget at lære, før man skal gennemføre en jagthundeprøve. Før man overvejer at bruge hunden på jagt, skal ejer og hund gennemgå en grundig træning, som ikke er forbundet med den egentlige jagthundeprøve. I stedet skal hund og menneske lære hinanden at kende. Dette gøres bedst ved hjælp af en simpel indledende træning, som er en forudsætning for enhver jagthundetræning.

BEGYNDERTRÆNING OG LYDIGHEDSTRÆNING

Begynder- eller lydighedstræning er grundlaget for sameksistens mellem mennesker og hunde. Det er ikke direkte et spørgsmål om alder. Jagttræning kan påbegyndes af alle hunde, alderen er irrelevant. Ikke desto mindre er det vigtigt at forstå, at hunde lærer på samme måde som mennesker. I barndommen er nogle ting meget lettere. F.eks. kan børn meget lettere lære et andet og tredje sprog, hvis de lærer det fra en tidlig alder. Voksne har ikke disse privilegier. De har ofte meget sværere ved at lære nye ting. Det samme gælder for hvalpe. Hvis en hund begynder at lytte til kommandoer, når den stadig er en hvalp, er det lettere at træne den senere. Selvfølgelig slipper hvalpen ikke direkte snoren, det sker først senere, men det første fundament kan lægges, så den kan lære nye ting hurtigere senere og bedre internalisere dem.

Det er derfor en stor fordel at lære en ung hund det grundlæggende i jagt eller at lytte til ejeren i det daglige familieliv, men ældre hunde kan stadig lære det grundlæggende og nå langt, selv om ordentlig lydighed kræver mere tålmodighed.

Før man kan begynde at tænke på jagttræning, skal der etableres et særligt bånd mellem menneske og hund, som også spiller en stor rolle i det daglige familieliv. Der bør derfor tages tid til at lære dyret at kende.

Ligesom hunden skal præge sig selv på ejeren, skal det samme ske med mennesket. Dette er lige så vigtigt for en jagthund som for en familiehund. Det er også vigtigt at begynde at træne hunden med udendørs kontakt i en tidlig alder. Dette er vigtigt, fordi det er af relativt ringe nytte, hvis hunden kun er trænet på ejeren og på vildt. Det kan føre til, at den kan virke aggressiv over for andre jægere eller angribe andre jægeres hunde. Det er ikke ualmindeligt, at jægeren og jagthunden befinder sig meget langt fra hinanden, så ikke engang kald eller en hundefløjte kan høres. Det sker derfor ofte, at en jæger tager en fremmed hund med i sin bil og bringer den tilbage til opsamlingsstedet. Derfor skal man i bedste fald også lytte til kommandoer fra fremmede og især fra jægere.

Det følger heraf, at der skal anvendes universelle kommandoer. Flotte kommandoer kan styrke båndet, lyde pænt og kan i øvrigt gøre indtryk på familie og venner, men i alvorlige situationer, som ikke kun kan opstå på jagt, men også på en daglig gåtur, hjælper de ikke.

Generel lydighed spiller derfor en stor rolle. I en ung alder kan arbejdet allerede udføres med enkle kommandoer, men "arbejde på arbejde" er også vigtigt. Det betyder, at selv svinehunde, som stille og roligt foretager eftersøgningen i snor, mens forspidsede hunde er spændt fast og derfor ikke er i snor, skal lære at gå ordentligt i snor. Dette indebærer bl.a., at hunden altid holder sig på samme niveau som ejeren og ikke bare løber fremad. Hunden skal derfor lære at "gå i hælen", selv om det skal siges her, at svinehunde og Bracken går foran, normalt i en afstand på tre til syv meter, men selve gåturen i snor uden for arbejdet skal stadig læres. Man kan godt træne at gå i snor ved at foretage en U-vending, hver gang hunden i snor løber for langt fremad. Denne metode sikrer, at hunden kigger op på ejeren for at se, hvilken retning den skal tage næste gang.

Det, der er lært, kan konsolideres ved at slippe snoren fra tid til anden. Det er sådan, man kan lære at bøje sig. På jægersprog betyder det, at hunden kan løbe helt uden snor og stadig orientere sig mod ejeren. Dette indebærer i det væsentlige, at hunden reagerer på håndsignaler eller kald, men dette er et valgfrit trin. Universelle kommandoer er tilstrækkelige. Ikke desto mindre er et kig på ejerens hånd altid en beløn-ning værd, for i det næste trin, som er lidt mere avanceret, kan en hånd holdes nede. Hånden skal være strakt ud og ligge fladt på hundens hoved eller lige over det. Denne træning kan sikre, at hunden altid holder sig i niveau med håndfladen. Hvis du ønsker at øge sværhedsgraden, kan du prøve det samme med forskellige højder. Målet er, at hunden altid skal holde sig tæt på hånden med sit eget hoved, også selv om hånden f.eks. holdes meget lavere. På kommando kan det trænes at lægge sig ned med denne.

Her er det ikke kun vigtigt, at ejeren er konsekvent, men enhver hundeejer bør være klar over, at uden det rigtige belønningssystem kan man ikke opnå succes. Hunde er dominerende dyr, som ikke er under-danige af natur. På samme måde er hunde meget kloge dyr. Hvis de ikke bliver belønnet, vil de ikke lytte til ejeren. Golden Retrievere er f.eks. me-get vedligeholdelsessvage hunde, som er gode for begyndere, da de er ret underdanige af natur. De anses for at være meget gode retrievere og kan bruges til alle former for sport. Det er dog ikke en medfødt evne, men de opfører sig underdanigt for at behage deres mennesker. Men selv for en underdanig Golden Retriever er det ikke nok bare at klappe den. Det kræver ekstra motivation for en hund at føle glæde. Samtidig skal det her siges, at man ikke bør anskaffe sig en hund, hvis den grundlæggende idé er, at en hund ikke skal have det sjovt med sit "arbejde": de er levende væsener, der ofte ikke forstår situationens alvor, og det kan heller ikke trænes.

Både det generelle belønningssystem og klikkertræning vil blive forklaret i næste kapitel. De næste afsnit i dette kapitel omhandler speci-fik jagttræning, der er egnet til en hund med en lang jagthistorie, som det er tilfældet med en Nederlandse Kooikerhondje. De nævnte metoder kan bedst uddybes og læres gennem tilvænning. Dette gælder både for posi-tiv og negativ adfærd. Jo oftere en bestemt træning eller aktivitet udføres, jo hurtigere vil hunden forstå, hvad ejeren beder den om.

Sporingstræning – Optagning af et spor

Sporingstræning er den første store milepæl i træningen af enhver kommende jagthund. Det er en af de enkleste metoder, der kan læres til en hund, da der i begyndelsen arbejdes med et foderspor.

Hundens næse er et utroligt organ, der kan bruges på mange måder. I mantrailing bruges lugteorganet til at redde liv, hvorved forsvundne personer kan findes, hvad enten de befinder sig i en skov, er begravet under en lavine eller begravet under et sammenstyrtet hus. Ved jagt anvendes derimod dyrespor, hvad enten det er et normalt duftspor eller sved og dermed blod fra et vildtdyr. Selv om dette er tilfældet, bruger hunden sjældent sin mundkurv i hverdagen. Hunden i dag har ikke lært at stole på sin næse på grund af forskellige avlsformer og på grund af komforten i dagens hjem. Der er nu ingen grund til at gøre det, og den behøver hverken at lugte farer eller at have brug for en vildtduft for at sikre sin overlevelse. Under daglige gåture kan man f.eks. se, at mange hunde ikke længere holder næsen mod jorden, som det er tilfældet med ulve. I begyndertræning kan deres gamle lugtesans dog stadig bruges. Det er vigtigt at starte langsomt. Det er ikke let for en hund at bruge næsen, og det kan være meget anstrengende at bruge den. Især i begyndelsen skal der tages hensyn til de rigtige pauser.

Både når det gælder den almindelige hund og den fremtidige jagthund, kan der anvendes foderlinjer. Der kan gemme sig alt i dem: råt kød eller tørre belønninger.

Madkæder kan bruges til at arbejde godt i skove eller store haver. Hvis hunden allerede mestrer de første kommandoer og vender tilbage til ejeren uden tøven, kan træningen foregå i parker. Det bør også overvejes, hvorfor hunden skal lære at arbejde med sin næse. Hvis det bare er for sjov og leg under den daglige gåtur, er miljøet ligegyldigt. Hvis du ønsker at træne en Nederlandse Kooikerhondje som jagthund, skal du i stedet sørge for at træne hyppigt i det senere anvendelsesområde. Det er vigtigt, at hunden kan bevæge sig rundt uden at være bundet i snor. Det er den bedste måde at opfatte nye lugte på. Dette har også den fordel, at Nederlandse Kooikerhondjes er ægte forspejlingshunde, især i vandet. Ved at træne i frisk luft og eventuelt også i nærheden af vand kan hunden opdage en medfødt glæde ved vand, hvilket ikke kun er ønskeligt i forbindelse med jagt, men også kan medføre en masse sjov.

Grundlæggende handler sporingstræning om at vække hundens urinstinkter. De fleste familiehunde har med tiden aflært disse instinkter, og det er derfor nødvendigt at lære dyrene det igen. Når det gælder jagt, handler det ikke kun om det generelle fødeinstinkt, men især om flok- eller bytteinstinktet. Trods alt skal man passe på, at hunden ikke kun følger kommandoer eller går i sporet, når den får en følelse af sult. Derfor bør foderkæderne udskiftes efter nogen tid. For at Kooikerhondje kan blive ved med at opfange en duft, har den brug for en konsekvent og konstant tilvænningsfase: det, der er blevet lært, skal ikke kun gentages ofte, men også anvendes aktivt.

For at gøre denne indlæringsfase lettere kan der anvendes en søgesele. Det er stadig vigtigt, at det nye område afsøges, helst med remme, så hunden kan opfatte nye ting i sit eget tempo og tilfredsstille sin nysgerrighed. I snor ville han være begrænset, da mange ejere ikke ved, hvordan man håndterer en snor korrekt. I det egentlige sporingsarbejde, som bruges til jagt og til mantrailing og dermed til livredning, forbliver hunden permanent i snor. Ikke desto mindre får den lov til at bevæge sig frit, og traileren, jægeren eller ejeren følger efter uden at begrænse hundens bevægelsesfrihed. Det er ikke alle ejere, der formår at give hunden ubegrænsede kommandoer, især da dette ikke bør ske i hverdagen; mennesket har altid kontrollen. En sele viser derfor sit værd, da det fra starten kan forstås, at det har en større betydning at tage selen på: Der er en opgave, der skal løses. Desuden er risikoen for skader meget mindre. Hvis du træner alene og ikke har nogen partner, kan du binde din hund til et træ i kort tid for at lægge et spor. Det er ikke ualmindeligt, at unge hunde trækker kraftigt i snoren på disse tidspunkter. En hund, der kun har et halsbånd på, kan blive alvorligt skadet af dette. Grunden til, at hunden skal være bundet, er, at den ikke skal kunne se, hvor sporet er placeret, den skal koncentrere sig om sin næse.

En foderlinje bør føres foran hunden med øjenkontakt, så hunden forstår, at den skal følge et spor. Så snart et foderspor nærmer sig, må hunden ikke længere se det. Ikke desto mindre skal maden, eller det, der trænes med, vises hunden på forhånd. Det er en lugtartikel, der præsenteres. I naturen er der utallige forskellige lugte, som er meget mere fremtrædende for en hund end for et menneske, så der er brug for hjælp til at genkende det spor, der skal følges.

At præsentere en duftartikel lyder simpelt, men selv hundeførere i mantrailing har deres problemer med det. Det er vigtigt, at man ikke lytter til fjernsynet her. I serier eller film kan man se, hvordan hunden sidder mellem førerens ben, og føreren lægger en pose halvt over hundens hoved. Det virker på alle måder; en fremtrædende duft kommer helt sikkert frem, men i sidste ende er sporingsarbejde altid et søgespil for hunden, selv i redningsarbejdet. En sådan gestus, som den netop beskrevne, ville ikke engang fremkalde en positiv reaktion hos mennesker. Hunde er proportionelt set mindre, hvilket betyder, at de har et andet perspektiv, og at genstande kan virke meget større. Hvis du ikke er forsigtig, kan du fremkalde såkaldte appeasement-signaler hos din hund. Der forekommer tegn på konflikter på kropssprog. Hunden vil f.eks. forsøge at vende hovedet væk eller vende sig bort. En sådan reaktion ville også komme fra ethvert menneske.

Det er derfor vigtigt, at hunden får en vis frihed. Hundeførere glemmer ofte, hvor stærkt hundens lugteorgan er. Det er ligegyldigt, om duftartiklen er pakket pænt ind i en pose, der næsten er sat over hundens hoved, eller om den pågældende artikel holdes et par centimeter væk. Når hunden opfanger en duft, vil den komme tættere på genstanden af en naturlig, nysgerrig trang. Når hunde får et valg, forbinder de positive minder og tanker med en kommende opgave.

Det er ligeledes tilrådeligt at overveje, om det giver mening at virke dominerende over for hunden. I en teamdynamik bør dette ikke være tilfældet: I stedet for at klemme hunden mellem benene skal føreren stå ved siden af sin egen hund og præsentere duftartiklen i en passende og dermed behagelig afstand. På denne måde kan hunden få valget mellem at komme tættere på genstanden, eller om den nuværende afstand er helt tilstrækkelig. Hunden skal også have lov til at stå op. I træningen er det vigtigt, at disse små bevægelser belønnes. Ved senere brug bør belønningen vente til efter opgaven.

Hvis hunden endnu ikke er trænet nok, er bange eller føler sig overvældet, kan det have en positiv effekt, hvis den ikke holder duftartiklen i hånden. Dette er ret almindeligt, da nogle hunde er bekymrede over mange mennesker eller er utilpas i den generelle situation. Artiklen kan placeres på jorden, og det kan betale sig, hvis alle personer og også føreren bevæger sig lidt væk. En duft kan således opfanges af sig selv.

Når præsentationen af duftgenstanden er blevet behersket, kan den genstand, der repræsenterer mad i træningen, skjules. Det er vigtigt, at træneren er ude af syne for hunden. Afstanden kan vælges som ønsket. Når hunden har forstået det generelle koncept, skal man sørge for, at når hunden ikke længere kan se mennesket, skal mennesket dreje rundt eller tage et hjørne, så hunden ikke løber i den retning, hvor den sidst så sin ejer. Dette trin er valgfrit.

Det egentlige sporingsarbejde begynder nu for første gang. Da hunden er sulten og har svært ved at modstå kødet, vil den forsøge at følge lugten. Dette træner lugtesansen på et naturligt grundlag.

Desuden kan der lægges et såkaldt slæbespor. Det kræver særligt udstyr: sko, hvis hæle er udhulet for at skjule råt kød indeni. Det er et gammelt system, der blev brugt for århundreder siden. Disse sko koster dog ikke ret meget, og det er ikke alle, der ønsker at gøre sig umage med at rengøre dem igen. Hvis du stadig ønsker at arbejde med et slæbespor, kan du binde et stykke kød eller et ben til en snor og føre det bag dig eller binde det til din egen ankel. Det kan lære hunden, at spor kan ændre sig og flytte sig. Øjenkontakt er vigtig, og der skal arbejdes inden for hundens synsvidde. Mens hunden er løsnet, går træneren rundt på skift og i sløjfer. Det store mål er, at hunden ikke straks løber efter sin ejer, men aktivt læser sporet. På denne måde kan man i en ung alder træne hunden i at følge fritgående vildt senere.

Belønning af små succeser eller forsøg spiller en stor rolle i denne sammenhæng. Al uddannelse er ensbetydende med arbejde og dermed også med anstrengelse. Desuden udsættes hunden for mange indtryk. Det kan hurtigt blive overvældende. Pauser skal også overholdes.

De, der har et særligt godt og stærkt bånd til deres hund, kan bruge undgåelsesadfærd, men med forsigtighed! I stedet for at belønne hunden for hvert forsøg, belønnes den kun for udførte kommandoer. På denne måde kan det gøres forståeligt, at han kun vil blive belønnet for en udført opgave, og at ejeren først derefter vil "give den en pause". Endnu en gang lægges der en bane, denne gang uden mål, uden mad eller andre lækkerier. Jægeren trækker sit eget spor med sin egen duft. Efter blandingsfasen gives en simpel kommando. Målet er, at hunden skal holde snuden tæt på jorden. Kommandoen efterfølges af en jævn gentagelse, indtil hunden ikke længere løfter snuden. Hvis han bevæger sig væk fra jorden, begynder gentagelsen forfra. Det er en forældet og lidt aggressiv metode, som kan forvirre hunden. Det kan føre til frygt og overmagt. I værste fald kan det føre til, at hunden ikke vil tage sin søgesele på. Dette kan føre til fejlbehæftede forbindelser. Denne metode kan derfor ikke anbefales til begyndere, da ikke alle kender forskellen på negativ og positiv tvang.

De to første metoder beskriver mere rolige metoder, der er mere skånsomme for hunden og fører til målet med de rigtige trin. Det eneste, der er nødvendigt, er tid og konstant gentagelse. For at øge sværhedsgraden er det muligt at arbejde med ændrede vinkler. Det betyder, at træneren kan tage et forkert sving og få hunden ud af sporet. Nu skal det samme spor søges fra en ny vinkel. I disse øjeblikke kan hunden også trække i selen. Målet er, at der ikke trækkes for meget, men at han orienterer sig mod føreren og giver ham de rigtige signaler.

Da der ikke søges efter mad under en jagt, bør maden/belønningen fjernes fra træningen på et tidspunkt, hvis den ikke er en aktiv belønning. Nu kan der anvendes objekter. De skal være store nok til at kunne videregive en god duft. Dette er kun nødvendigt i begyndelsen, senere kan disse elementer reduceres i størrelse. Nogle hunde, der er i stand til at lære hurtigt, forstår, at det ikke længere handler om maden, men at der skal søges efter en ny, anderledes duft. Det er dog ikke alle hunde, der er hurtige nok. Derfor bør det samme objekt anvendes i begyndelsen, senere kan det ændres og ændres. Der må hverken opstå kedsomhed eller tilvænning. En anden måde at øge sværhedsgraden på er at arbejde med flere genstande, der enten ser ens ud eller ligner hinanden. Det fører til fristelser. Der er lagt flere spor, og hunden skal nu aktivt skelne og finde ud af, hvilket spor den skal følge. Hvis hunden løber i den forkerte retning, er det i orden. I de fleste tilfælde vil han selv opdage, hvilket spor der er det forkerte. Han vil korrigere sig selv eller følge et spor helt til ende og opdage, at der ikke er nogen belønning. Nu er det næste spor forsøgt. Hunden retter sig selv.

Se

Pointing er en underkategori for al sporingstræning og apportering. Hvis der ikke er klare instruktioner fra jægeren eller ejeren, skal hunden vente på fremtidige kommandoer - den skal lære at være tålmodig.

Ved at indikere forstås markering af genstande, spor eller skudt vildt. Denne markering kan ske enten ved at lave den typiske lyd eller ved at sidde ned og vente på yderligere instruktioner under en stilk eller ved mantrailing.

Det er ikke let for en hund at lære at pege: den er ikke et tålmodigt væsen. Det skal derfor gøres så vanskeligt som muligt at samle en genstand op. Dette kan gøres med attrapper, der er bundet til en rod eller en sten. Hunden skal forstå, at den ikke selv kan nå genstanden, og at den har brug for hjælp fra sin ejer. Han vil trække og rive i sutten og vil snart indse, at han ikke kommer nogen vegne, senest når han har udmattet sig selv. Ikke alene kan man lære tålmodighed på denne måde, men hunden forstår også, at den skal gøre opmærksom på sig selv, hvis den virkelig vil have det, der er blevet bundet og derfor er uden for dens rækkevidde.

Dummy-træning – at hente og bringe genstande tilbage

Dummytræning er en anden del af sporingstræning. Dette indebærer, at der anvendes eksplicitte genstande, som ligner det senere anvendelsesområde. Den er aktivt trænet til at skelne mellem mennesker, genstande og dyr.

En attrap er en figur eller en dukke, som kan optræde i mange forskellige varianter, især kan man ofte støde på figurer af vilde dyr eller menneskelignende dukker. Dummytræning er både en del af begyndertræningen og det vigtigste træningsområde for blodhunde. De er også trænet til "menneskejagt", til redningsarbejde. Disse menneskeligt udseende dukker kan således bruges til at simulere, at folk bliver begravet under murbrokker eller forsvinder bag forhindringer, uden at rigtige mennesker er i fare. Disse menneskelige dukker er i naturlig størrelse. Det hjælper hunden til at forstå generelle proportioner og størrelser.

Ved normal jagt på vildt er det ikke helt så enkelt at træne en dummy. Dukkerne kan hverken ændres eller være ubevægelige. Det skyldes, at vilde dyr i naturen sjældent står stille. I stedet anvendes de mest forskelligartede former for attrapper.

De emner, som dummytræning udtrykkeligt forbereder hunden på, er standsning, pegning og markering samt eftersøgning af mistede hunde.

De fleste hunderacer har en udpræget vildtskarphed. Nederlandse Kooikerhondjes viser sjældent en stærk spil skarphed. De er særligt rolige dyr, selv når de står over for fritgående vildt. En kontrolleret vildtskarphed, som det er tilfældet med de små spaniels, er særlig positiv for enhver form for jagt. Vildtets skarphed beskriver, at hunden reagerer på et spil. Det henviser til det adrenalin, der frigives under en jagt. Terrierer og Bracken er derfor f.eks. mindre velegnede som familiehunde, da de har en meget udpræget lyst til vildt. Dette er forankret i deres arvemasse og kan kun ændres med besvær.

Når der arbejdes med attrapper, kan der også forekomme spil skarphedsadfærd. Det grundlæggende mål er, at hunden skal lære, at den kun skal følge udvalgte dyr eller attrapper. Disse bør vælges af ejeren. For at dette kan opnås, skal der være en solid forbindelse mellem jagthjæl-peren og føreren. Hunden skal orientere sig mod jægeren og vente på tegn på tilladelse. Også her spiller belønningssystemet en vigtig rolle.

I begyndelsen vil hunden blive urolig eller endda klynke eller lave andre lyde, f.eks. når der kastes en dummy eller endda en bold, men hun-den er ikke fastspændt og forbliver derfor i snor. Målet er, at han ikke kun skal blive siddende, men også kigge op på sin ejer - for at bede om lov. I første omgang bør denne tilladelse ikke gives. I stedet skal hunden forstå, at den ikke har kontrol, og samtidig lærer den også at lade være med at reagere ophidset på enhver bevægelse.

For at øge sværhedsgraden kan søgeselen fjernes, eller snoren kan simpelthen slippes i begyndelsen. Desuden skal du være konsekvent, for selv spændet bør ikke give hunden øjeblikkelig tilladelse. Når dette er ble-vet fastlagt, kan den egentlige dummytræning begynde. Her kan du øve dig i at hente og bringe dummy'en tilbage. Så snart hunden beder om tilladelse, får den den. For at gøre systemet forståeligt bør der kun gives en belønning, når det er lykkedes at finde genstanden. Det er her vigtigt, at hunden var i stand til at følge banen. Han skal hente attrappen ad den korteste vej. I højt græs eller i uklart terræn kan det stadig ske, at dum-myen ikke kan findes direkte. I dette tilfælde er der brug for ejerens op-muntring, så hunden søger området på egen hånd, hvilket i de fleste tilfælde sker meget naturligt. I det væsentlige bør sporingsfærdigheder indgå i dummytræning.

Denne træning er et positivt grundlag ikke kun for jagt. Efter skud-det skal det skudte vildt bringes tilbage til jægeren, hvis der er tale om et lille til mellemstort dyr, f.eks. en fasan eller en ræv. Denne metode er hovedsagelig rettet mod fugle. Nederlandse Kooikerhondjes er de rigtige eksperter her. De lærer hurtigt på grund af deres genetiske opbygning. Samtidig kan denne træning bruges sammen med enhver anden hund, da den minder om boldspil og derfor kan give en masse sjov under den dag-lige gåtur.

Spaniels er imidlertid ret små hunde, som kun er forspejlings-hunde, når de jager ænder. Allerede med store harer kan de have deres problemer, og nogle fugle er simpelthen for store. Der bør også arbejdes med store attrapper, så hunden lærer, hvad der kan gøres på disse tidspunkter. Det nedskudte vildt kan ikke bringes tilbage, men det bør heller ikke efterlades liggende, da kadaveret ellers måske ikke kan findes. Det er her, man skal lære at vise frem.

Der skal lægges stor vægt på tålmodighed, når man udstiller. Hunden skal lære at vente på instruktioner og tilladelse. Når dette er opnået, er det næste skridt at søge aktivt efter eller hente attrappen. Der er to metoder, der kan anvendes her: enten skal hunden instrueres af sin ejer, eller også skal eftersøgningen udføres selvstændigt. Det er altid muligt, at hunden ikke har været i stand til at observere en fugls flyvevej eller et vildt, der er forsvundet. Ligesom det er tilfældet med mennesker, er opmærksomheden nogle gange rettet mod andre steder. I disse øjeblikke skal jægeren gribe ind og aktivt styre hunden. Det betyder, at den grove retning kan gøres klar for hunden. Meget få jægere er afhængige af mundtlige instruktioner i denne henseende. I stedet arbejder de med håndsignaler og eventuelt med en kort fløjte, så den firbenede ledsagers opmærksomhed er rettet mod ejeren.

For at lære det grundlæggende i at pege kan man i begyndelsen bruge en hundefløjte. I stedet for at kaste dummyen skal den nu skjules, uden at hunden opdager gemmestedet. Den skal også være så kompliceret, at hunden har brug for aktiv instruktion og derfor skal orientere sig mod ejeren. Nu vil det komme til det punkt, hvor hunden vil forsøge at lade sine sporingsfærdigheder spille. Hvis objekterne er meget godt skjult, kan det tage et stykke tid. Hvis hundefløjten nu bruges, kan træneren ikke kun gøre opmærksom på sig selv, men samtidig med en håndbevægelse angive, hvor hunden skal søge. Dette kan fungere godt i forbindelse med eftersøgning af forsvundne personer, fordi man i eftersøgningen af forsvundne personer skal stole på aktiv instruktion. Samtidig træner det hundens selvstændighed. Hvis du ønsker at øge sværhedsgraden yderligere, kan du uddele og gemme flere attrapper, nogle lettere, andre sværere. På denne måde kan man lære, at en jagt ikke altid er slut, når et enkelt vildt er fundet. Ofte kan en jagt omfatte mange dyr, som kan simuleres med mange attrapper.

I øvrigt kan der stadig medbringes en hundefløjte i udstyret, da det ikke er alle, der kan fløjte særlig højt!

Dummytræning beskriver en god måde at lære en kommende jagthund det grundlæggende om jagt på. Denne træning er en vigtig del af statsprøven, men samtidig kan en familiehund også have stor gavn af denne træning, f.eks. under en daglig gåtur. Det er praktisk at arbejde med små attrapper i begyndelsen, f.eks. stofposer fyldt med tørre belønninger. Først senere bør du arbejde med attrapper, der repræsenterer forskellige dyretyper. Med disse kan man bedre øve sig i at hente dem end med små poser. Samtidig er det vigtigt, at hunden langsomt introduceres til forskellige pels- og pelsstrukturer. Det er sjældent, at man støder på dem på en normal gåtur - det er de små skridt, der kan hjælpe hunden med at gøre fremskridt.

UØNSKET JAGTADFÆRD - ANTI-JAGT-TRÆNING

Inden for jagttræning kan der anvendes forskellige metoder, som alle har et enkelt mål: at dæmpe vildtets skarphed eller at kontrollere det. Vildtets skarphed er allerede blevet nævnt på de foregående sider, men da det er en væsentlig del af jagthundens egnethedsprøve, bør emnet endnu en gang internaliseres her. Grundlæggende er det nødvendigt med en velafbalanceret hund for at få succes med jagt, men da mange hunderacer i de sidste århundreder er blevet opdrættet med henblik på skarphed på vildt, er det i dag kun meget få racer, der aktivt er skabt til et liv som familiehund eller endog til et liv som jagthund. Der sker en stor frigivelse af adrenalin, hvor disse opdrættede racer har svært ved at kontrollere sig selv.

Dette kan vise sig på flere måder. Det behøver ikke altid at være et dramatisk tab af kontrol, men ukontrolleret vildskab kan vise sig på en simpel gåtur, når en hund løber mod en due, et egern eller en anden hund, og det ikke med den hensigt at være venlig.

Ved jagt trænes en såkaldt "blød mund". Dette udtryk henviser til, at man ikke må efterlade mærker efter tænderne, når man fanger et vildt. Da dyret skal forarbejdes, må der ikke være yderligere skader efter skuddet, herunder hundens tandmærker. Det kræver et ordentligt skud at holde et jagttrofæ så ubeskadiget som muligt. En blød mund kan trænes inden for dummytræning. Målet er, at hunden skal hente dummyen uden at rive, punktere eller tygge på den. I stedet skal dukken kun holdes. Det er lige så praktisk i hverdagen, når der skal kastes med bolde eller spilles med pinde. Dette kan sikre, at der ikke skal købes nyt legetøj med jævne mellemrum.

Ligeledes tæller den bløde mund som begyndertræning, da dette kan sikre, at børn ikke kommer i fare, når de har med en hund at gøre. Det kan altid ske, at et barns hånd ved et uheld kommer ind i hundens mund, ikke mindst på grund af den medfødte menneskelige nysgerrighed. Der sker ikke flere alvorlige ulykker, hvis hunden ikke bider direkte, når noget kommer foran dens mund.

Samtidig kan båndet mellem menneske og hund således styrkes. Nogle jægere forsøger f.eks. aktivt at træne deres hund til at lægge hånden i munden på den firbenede ven, og hunden sætter så igen tænderne på jægerens hånd. Mere specifikt forsøger antijagttræning at kontrollere hundens aggressive, opdrættede natur.

Anti-jagttræning omfatter også træning af hunden til at være "skudsikker". Det er mindre praktisk i hverdagen, men meget specifikt til jagt. Den handler om en jagthund, der ikke længere reagerer ophidset på høje lyde, f.eks. et højt skud. Det er velkendt, at hunde har en bedre hørelse end mennesker. Det betyder, at de er meget følsomme over for høje lyde. Der kan være en langt større adrenalinudløsning end ved en simpel jagt. På grund af deres særligt veludviklede hørelse har mange hunde problemer nytårsaften. På grund af adrenalinudskillelsen laver de typiske lyde som f.eks. højlydt klynken, gøen og klynken. De aner ikke, hvad de skal gøre med adrenalinen, de bliver overvældet og er nødt til at bearbejde den på en eller anden måde. Normalt vil dette ske ved at løbe, da det er den naturlige måde for hunde at behandle adrenalinen på. Dette kan ikke ske, når hundene er i deres kennel eller i en lejlighed. Det ville også være svært at gøre det, når de er på gåtur og skal være i snor. Det er derfor en naturlig reaktion at reagere mod kommandoer, når der er høje lyde.

Ved jagthundetræning gøres der en aktiv indsats for at sikre, at hundene ikke længere udøver deres vildtskarphed. Dette kan anvendes i mange situationer. På den ene side handler det ikke kun om at løbe straks, når et skud bliver affyret, og det er ligegyldigt, hvilken jæger skuddet kommer fra, men det handler også om, hvordan hunden reagerer, når den står over for et fremmed vildt. I en drivjagt er det f.eks. vigtigt, at hunden kun begynder at gø på kommando. Denne form for jagt handler aktivt om at drive vildtet, så det har lov til at opføre sig aggressivt, men ikke ukontrolleret. Ved enhver form for jagt kan der blive affyret et skud meget tæt på hunden, og hvis hunden ikke er trænet til dette, sker der en massiv frigivelse af adrenalin, som ikke let kan bearbejdes. Hunden kan glemme alt det, den har lært, og handle specifikt i overensstemmelse med sine naturlige instinkter. Det betyder, at der kan opstå farlige situationer, især hvis ejerens opkald ikke længere hjælper.

At gøre en jagthund skudsikker er derfor en af de højeste prioriteter. Inden for træningen skal hunden forberedes på skud, hvilket betyder, at der vil følge en reaktion på det første skud, som ikke ser positivt ud. Der vil opstå en normal adfærd, som i sidste ende vil blive forkastet under træningen. Adrenalinudløsningen kan nu manifestere sig på forskellige måder: Hunden kan blive bange, eller den kan reagere aggressivt. Reaktionerne er forskellige for hver hund. Små hvalpe reagerer normalt mindre kraftigt end allerede voksne hunde. Det er vigtigt, at ejeren går foran med et godt eksempel, han skal vise ro, som derefter kan overføres til hunden. Det er lige så vigtigt, at en nyligt adopteret hund ikke straks kastes ud i denne situation, men at der allerede er et stærkt bånd mellem hund og ejer. Pointen med selve øvelsen er, at hunden ikke er direkte forberedt på skuddet, men at opmærksomheden forbliver hos ejeren, han skal distrahere hunden. Så efter et stykke tid vil hunden ikke længere være interesseret i de høje lyde helt af sig selv.

Her er det værd at træne med to jægere eller med en ekstra person, som ved jagttræning ved, hvordan personen skal håndtere et våben, og ved daglig træning kan der anvendes forskellige instrumenter og genstande. Selvfølgelig kan ejeren også selv stå for træningen, men hvis en tredjepart gør det, kan ejeren bedre tage sig af sin hund. En gåtur i en afsidesliggende skov er særlig velegnet til dette. Når de to personer er i skoven, skal de gå fra hinanden. Mens ejeren går en simpel tur, leger med hunden og bruger den til forskellige metoder, skal den anden jæger gå til den mindste afstand af det våben, som sidstnævnte bærer. Denne mindsteafstand varierer fra våben til våben. Grundlæggende er det meningen, at hunden skal høre skuddet, men foreløbig på afstand. Målet er at holde hunden beskæftiget og distraheret nok til at høre skuddet, men ikke til at reagere på det. Ejeren bør derfor heller ikke lade sig distrahere af skuddene og bør ikke overreagere. Ligesom hunden skal trænes til at ignorere skuddet, skal mennesket gå foran med et godt eksempel og ignorere skuddet på samme måde. Hunden skal lære at forstå, at skuddet ikke er en skræmmende lyd, men noget helt almindeligt.

Hvis du ikke træner en jagthund, men alligevel har en hund, der reagerer med en voldsom adrenalinudløsning på høje lyde, kan du sende en anden person ud med en høj fløjte eller fyrværkeri.

Den intense legeproces skal opretholdes konstant, mens den anden jæger eller ledsager fortsætter med at nærme sig ejer-hund-duoen. Skuddene bliver højere og mere markante. Før gåturen bør man aftale et bestemt punkt, hvor de to personer skal mødes igen. Mens du leger og distraherer hunden, skal du nærme dig dette punkt yderligere. Målet beskriver, at den anden person på et tidspunkt stopper op kun få meter fra hunden og affyrer et sidste skud.

Hvad angår våben, bør man i begyndelsen bruge en simpel riffel, da denne form for våben er mest almindelig i en jagt. Det er en af de mest støjsvage metoder. For at øge sværhedsgraden kan riflen erstattes af en skræmmebøsse, før du går over til at håndtere et haglgevær. Efter mange træningssessioner bør hunden blive siddende ved siden af føreren med en simpel kommando, mens haglgeværet betjenes.

De, der ikke kan medbringe en anden person, men som stadig ønsker at øve deres skydefærdigheder, kan gå en tur i nærheden af en skydebane. Der vil ske skud fra tid til anden, men chancerne er mindre end ved en jagtduo.

Før man kan overveje en af metoderne, skal der dog være et solidt bånd mellem menneske og hund, men selv dette er nogle gange ikke nok. Selv dresserede dyr kan gø højt eller frigive en stor mængde adrenalin hvert år nytårsaften. Selv med konstant gentagelse kan denne adrenalinfrigivelse stadig forekomme; de fleste hunde er trods alt vant til nytårsaften fra sidste år. Jagthunde er normalt mere koncentrerede, men der kan dog stadig forekomme undtagelser. En konsolideret kaution er derfor så vigtig for at undgå skader eller mere alvorlige ulykker. Reaktioner er normale og bør ikke straffes. Høje lyde kan også skræmme folk, hvis man ikke lytter direkte til dem. Det er vigtigt at forstå, at hunde ofte opfører sig som spejle: Hvis mennesket forbliver rolig, vil hunden også forblive rolig, selv om sikkerheden ikke altid er til stede.

Antijagttræning og især træning af skudmodstand bør ikke foretages i hvalpealderen. Hvalpe reagerer måske ikke lige så voldsomt som voksne hunde, men de kan lettere blive traumatiseret. I den forbindelse er det vigtigt at forstå, at der vil være konstante tilbageslag og fiaskoer i de første par måneder. Der vil være intense adrenalinstigninger. Skudmodstandstræning er derfor en af de vanskeligste og mest langsigtede træningsformer. Det er ikke usædvanligt, at der kan gå flere år, før hunde ikke længere reagerer på et skud overhovedet. Derfor bør man ikke arbejde med hvalpe, men ældre hunde tager også meget længere tid: En ung, veltrænet hund kan derfor nemmest gøres skudsikker.

DEN RIGTIGE KOST

Hvis du elsker din hund, vil du naturligvis gerne give den en sund kost. I mellemtiden er der et utroligt stort udvalg af fødevaretyper og ernæringsmetoder. Det er næsten umuligt at holde styr på dem alle. Det er i princippet fornuftigt at diversificere din hunds kost alligevel for at undgå en ensidig kost. Desuden bør din hund ikke blive så vant til én type foder, at den ikke længere ønsker at spise andre typer foder. Foderet skal naturligvis passe til hundens alder. Til hvalpe og ældre hunde findes der specialfoder, som er tilpasset deres behov. Derudover kan du altid supplere din hunds kost med hjemmelavede kartofler, ris og grøntsager. Teoretisk set kan du også give din hund kun hjemmelavet mad, men så skal du være meget opmærksom på at give den alle de nødvendige næringsstoffer. Det er bedst at konsultere din dyrlæge og læse den relevante litteratur.

Vegetarisk kost er også mulig, men kræver også en særlig tilgang. Videnskabelige feltundersøgelser viser, at en vegetarisk hundekost i princippet er mulig. Men som med enhver anden kost skal du sikre, at den er afbalanceret og opfylder hundens behov for vitaminer, mineraler, protein og energi.

Når du køber færdigretter, bør du altid se på ingredienslisten først. Næsten alle pakker med hundefoder reklamerer jo med, at foderet er særligt godt for din hund. I mange tilfælde kan du i det mindste groft vurdere, hvor tæt dette løfte er på virkeligheden med blot et enkelt blik. Se blot listen over ingredienser. Hvis du finder en stort set rodet liste over ingredienser, taler det normalt imod, at der er anvendt ingredienser af høj kvalitet. Ingredienser af høj kvalitet vil være en forudsætning. I stedet for "korn" bør der stå præcis, hvilke kornsorter der er indeholdt, f.eks. "havre". Bag angivelsen "indeholder animalske biprodukter" kan der gemme sig mange ting. I de fleste tilfælde er der tale om slagteriaffald som f.eks. sener og brusk. Det er derfor bedre at angive præcist, hvilket kød fødevaren indeholder, f.eks. "muskelkød" eller "oksehjerte". Sørg for, at foderet indeholder tilstrækkeligt med protein. Det findes bl.a. i muskelkød, æg og lever. Der bør heller ikke være mangel på sporstoffer, som findes i mange typer kød, korn, bælgfrugter, gær og nødder. Din hund kan få vitaminer fra mange vegetabilske produkter, kartofler, rå frugt og kulhydrater. Tilsætningsstoffer bør helst ikke indgå overhovedet eller kun i små mængder.

En lidt rodet, men vigtig måde at finde ud af, hvor god din hunds kost er, er at undersøge dens afføring. Ideelt set skal afføringen være regelmæssig og problemfri. Afføringen må ikke være for fast eller for flydende og skal have en sund brun farve. Dårlig mad kan forårsage fordøjelsesproblemer i form af forstoppelse eller diarré. For mørke eller for lyse ekskrementer er heller ikke et godt tegn. Desuden vil afføringen lugte særlig ubehageligt, hvis din hund spiser foder af dårlig kvalitet. Det samme gælder for flatulens. I overført betydning har du også gavn af en sund kost til din firbenede ven, da du har mindre at bekymre dig om ubehagelige lugte.

Der er også fødevarer, som hunde generelt ikke bør indtage. Det drejer sig bl.a. om chokolade, sukker og vindruer eller sultanas. Hunde bør heller ikke spise løg, rå kartofler, stenfrugter, kerner og avocadoer. Du bør heller ikke fodre din hund med råt svinekød. Fjerkræknogler kan være farlige, da de kan splintre.

Spiseadfærd og fordøjelsessystem

Du kan fodre din hund enten én gang om dagen i form af et stort måltid eller flere små måltider. Nogle hunde har en tendens til at sluge deres mad meget hurtigt. Selv om det ligger i deres natur, kan det være problematisk. I sådanne tilfælde findes der særlige skåle med små knopper indbygget i dem, som kan forhindre, at de sluger. Hvis du har flere hunde, er det meget vigtigt, at hver hund har sin egen mad- og vandskål. Hundene skal kunne spise uforstyrret. Dette er ikke muligt, hvis flere hunde konkurrerer om en skål. Desuden kan der opstå madmisundelse.

Tørfoder eller vådfoder?

Som det ofte er tilfældet, er der fordele og ulemper ved både tør- og vådfoder, der taler for eller imod at fodre med dem. Grundlæggende indeholder begge typer foder, hvis de er deklareret som fuldfoder, alle de nødvendige næringsstoffer, vitaminer og mineraler, som en hund har brug for. Der er dog forskelle i kvaliteten af de enkelte ingredienser og de anvendte fødevarer samt i tilgængeligheden af næringsstoffer og tolerance. I sidste ende skal du selv bestemme, hvilken fodringsmetode du synes er bedst.

Du kan uden tøven give din hund alt kommercielt tilgængeligt færdigfoder, hvad enten det er tørt eller vådt, til din hund. I Tyskland er der en meget streng kontrol med produktionen af foder til kæledyr. Der må kun anvendes ingredienser og bestanddele, som ikke skader dyret, men holder det sundt. Selv om du læser om slagteriaffald i foderet, er det på ingen måde usundt for din hund, for det er altid kød, som også er egnet til menneskeføde. Det er bare produkter, som ikke længere bruges i køkkenet, men som engang var almindelige i kosten. Så hvis du ikke selv vil eller kan tilberede din hunds måltider, skal du ikke være bange for at bruge færdigt foder fra butikkerne.

De fleste hunde tåler tørfoder ret godt, da de normalt optager nok vand. Andelen af kulhydrater er dog ret høj. Af produktionsmæssige årsager består 30 % af fødevarerne af stivelse. Hunde fordøjer også kulhydrater. Det er derfor en fantastisk energikilde. Der er fare for, at hunde, der får meget tørfoder, bliver fede uden at være mætte.

Da foderet ikke lugter, selv om det ligger i skålen i dagevis, har mange hundeejere tendens til at lade tørfoderet ligge i skålen hele tiden. Så snart den er tom, fylder de den op. Desværre spiser mange hunde, indtil der ikke er noget tilbage i deres maver, hvilket er en arv fra ulven. Ulven var nødt til at handle på denne måde, fordi den ikke vidste, hvornår den ville slå et nyt bytte. Det er derfor ikke tilrådeligt at give en hund konstant adgang til mad.

Det kødfulde udseende er vildledende. Tørret mad er ikke tørret kød, men et wienerbrød, der normalt fremstilles ved ekstrudering. En maskine presser en dej ind i en form ved hjælp af højt tryk og damp. Varmen nedbryder kulhydraterne og gør dem lettere at fordøje. Resultatet er kroketter, som nok ingen hund ville røre. Kun en belægning af fedt, vitaminer og protein gør dem interessante for de fleste hunde.

Sammensætning af tørret foder (eksempel)

	Billigt foder	Særligt foder
Sammensætning	Korn Kød og animalske biprodukter Vegetabilske biprodukter Olier og fedtstoffer Grøntsager Mineraler	Ris Tørret kylling Gulerødder Kyllingefedt Hele æg Rapsolie Inulin Linolie Gær
Protein	19%	24,6 %
Fedt	7,5 %	14 %
Råaske	7,5 %	5,6 %
Råfibre	3 %	1,3 %

Foder af høj kvalitet indeholder betydeligt mere protein og fedt. Desuden ved du, hvilket korn og hvilket kød der er i den. Der er ingen animalske og vegetabilske biprodukter i specialfoderet.

Så hvis du ønsker at fodre med tørfoder, skal du følge doseringen nøjagtigt og vælge et produkt af høj kvalitet.

Hjemmelavet mad

Alt det, som din hund virkelig må spise, kan du selvfølgelig selv tilberede og tilberede. Sørg for, at du ikke krydrer måltiderne til din firbenede ven for meget, helst slet ikke. Visse krydderier er skadelige for din hunds sundhed, og også her gælder følgende: informer dig godt om ingredienserne i hvert foder, så din elskede ikke lider af underernæring. Din dyrlæge vil kunne give dig råd og støtte.

Fordele og ulemper ved tørfoder:

Tørfoder er populært, primært fordi det simpelthen er mere praktisk for hundeejeren. Den har en længere holdbarhed og er nem at transportere. Grunden til dette er det meget lave vandindhold. Desuden er tørfoder let at dosere og veje og kan endda fodres i såkaldte foderautomater, der automatisk giver hunden den indstillede mængde foder hver dag. Den kræver også meget mindre plads til opbevaring, hvilket gør den særlig populær i små husstande. Derfor er der også mindre emballageaffald. Og glem ikke, at tørfoder normalt er billigere end vådfoder. En anden fordel er, at tørfoder giver mindre rod omkring skålen, selv hvis hunden kan lide at spilde. Lugten af tørfoder er også meget mere diskret. For at gøre foderet velsmagende for hunden er nogle producenter dog afhængige af at tilsætte smagsforstærkere for at gøre foderet velsmagende for hunden. Som du måske har bemærket, vedrører fordelene ved vådfoder mere hundens ejer end hundens fordele.

Ulemperne er på den anden side snarere på bekostning af hunden. På grund af det meget lave vandindhold skal du absolut sørge for, at din hund får nok vand ind, da der ellers er risiko for dehydrering. Dette er meget vigtigt, da der ellers er risiko for at udvikle blæresten eller nyreproblemer. Desuden er tørfoder sværere at fordøje og kan endda forårsage allergi. Den lange holdbarhed skyldes ikke kun det lave vandindhold, men også det høje indhold af konserveringsmidler. Konserveringsmidler er ikke særlig sunde for mennesker eller hunde og bør så vidt muligt undgås ved fodring. Et andet problem er, at tørfoder ofte indeholder for lidt kød, og at der i stedet anvendes kornprodukter som fyldstoffer.

Fordele tørfoder

✓ Den mængde, der først er fastsat og fundet god, vil forblive konstant, så længe du opretholder din hunds rutine, f.eks. intensiteten af motion.

✓ Det er ukompliceret: Køb, fodre, færdig. Det er normalt ikke nødvendigt at tilsætte vitaminer og andre kosttilskud.

✓ Transport og opbevaring er meget let, selv på ferien.

✓ Du kan også give foderrationen på farten eller under sport, når hunden skal træne sin mad.

✓ Den har en lang holdbarhed.

✓ Hunde med følsomme maver er beskyttet af de mindre, men næringsrige portioner.

Ulemper tørfoder

✗ Sammensætningen af kød og fyldstoffer som f.eks. korn er forskellig for hver sort.

✗ Sammensætningen kan ikke kontrolleres i sig selv.

✗ Det er svært for dig at reagere på din hunds individuelle sundhedstilstand, f.eks. hvis den har diarré.

✗ Mange varianter er ikke kun kornsorterede, men indeholder også sukker, kunstige smagsstoffer og smagsforstærkere.

✗ Væskebehovet er højere, så hunde, der drikker lidt, skal opfordres til at gøre det.

Tørfoder kan svulme op i maven og derfor under ugunstige omstændigheder føre til gastritis, som alle store hunde har større tendens til end mindre hunde.

Fordele og ulemper ved vådfoder:

Fordelene ved vådfoder kan delvist udledes af de ovenfor nævnte punkter om tørfoder. Som navnet antyder, har vådfoder et betydeligt højere vandindhold og har derfor en positiv effekt på hundens væskebalance.

Vådfoder lugter meget mere tiltalende for hunde og smager normalt bedre. Det er også lettere at fordøje. Tørfoder kan være ret svært for ældre hunde at tygge, mens vådfoder er lettere at spise. Hunde, der er lidt grådige, foretrækker vådfoder, fordi det kan spises i større mængder og derfor fylder mere i maven end tørfoder. Desuden er sammensætningen af vådfoderet i de fleste tilfælde mere artsbestemt, da kødindholdet er højere.

Ulemperne er sandsynligvis også en følge af de foregående afsnit. Da der er behov for større mængder vådfoder for at opfylde det samme energibehov, kræver det på den ene side betydeligt mere lagerplads og på den anden side mere emballageaffald. Den har også en kortere holdbarhed og skal bruges tidligt. Vådfoder er normalt dyrere end tørfoder.

Nu, hvor du er informeret om fordele og ulemper ved de to typer fødevarer, kan du udvide din viden yderligere ved at se på de processer, der anvendes til at fremstille dem. Måske vil det også hjælpe dig med at beslutte, hvilket foder du ender med at vælge til din hund.

Fordele vådfoder

- ✓ Det smager godt for næsten alle hunde.
- ✓ Vådfoder er næsten altid den billigste løsning.
- ✓ Det er let at købe og let at opbevare.
- ✓ Vådfoder har en holdbarhed på en halv evighed.
- ✓ Fugtindholdet er højt.
- ✓ Hunde med følsomme tænder kan godt tygge vådt foder.
- ✓ Det kan anvendes som fuldfoder, dvs. at du ikke behøver at tilsætte andet som vitaminer, sporstoffer osv.

Ulemper vådfoder

- ✗ Sammensætningen kan ikke kontrolleres.
- ✗ Smagsforstærkere og kunstige smagsstoffer findes i stigende grad i vådfoder.
- ✗ Kødindholdet varierer alt efter sort.
- ✗ Mange hunde afviser andre typer foder, når de først er vant til én type.

✗ Hvis din hund f.eks. er allergisk, kan foderets sammensætning ikke tilpasses individuelt.

Produktion af tørret foder:

De fleste producenter af tørfoder opvarmer først de enkelte ingredienser. Det gør dem mere holdbare og lettere at behandle. Producenter af tørfoder af høj kvalitet anvender også koldpressning. Fordelen ved dette er, at der går færre næringsstoffer tabt ved opvarmning.

Ingredienserne blandes i en yderligere proces, og væsken udvindes, hvis det ikke allerede er sket. Dette skaber en melagtig masse, som i næste trin presses til de foderstykker, som du til sidst lægger i skålen. Under presningen opvarmes fodermelet igen for at sikre, at det bevarer sin form.

I disse processer mister de fleste af ingredienserne deres aroma og smag. For at sikre, at hunden spiser foderet i sidste ende, er det almindeligt at tilsætte smagsstoffer til de færdige foderstykker. De tabte vitaminer og mineraler tilsættes også på ydersiden af stykkerne bagefter, så oplysningerne i ernæringstabellerne på den færdige pakke er tiltalende. Det er dog tvivlsomt, hvor godt disse næringsstoffer kan omsættes af hunden.

Produktion af vådfoder:

Produktionen af vådfoder omfatter færre trin. De enkelte ingredienser er normalt forkogte, men under meget mindre varme end i tørfoder. Hvis vådfoderet indeholder store enkeltdele, hakkes disse for at opnå en fodermasse, der let kan portionsanvendes. Der tilsættes normalt også yderligere tilsætningsstoffer i form af geleringsmidler, vitaminer og mineraler til denne fodermasse. Når foderet er blevet fyldt i den færdige emballage, f.eks. dåser eller bakker, opvarmes det igen for at få foderet til at holde længere.

Kød, fisk eller veganer?

Det er et spørgsmål, som mange hundeejere stiller sig selv, men der findes ikke ét rigtigt svar. Hunde er både kødædere og altædere - de er både kødædere og altædere. Teoretisk set er det derfor muligt at fodre en hund med en kødfri kost. En rent vegansk kost er dog meget kompliceret og bør kun gennemføres i samråd med en dyrlæge. Til dette formål har du brug for en streng kostplan, som skal følges konsekvent. Det er en kendsgerning, at hunde kan lide at spise kød. De fleste hunde kan også lide fisk, som også er en meget god proteinkilde.

Du ved helt sikkert, at en hund er et kødædende dyr. I mellemtiden er den dog takket være evolutionen og domesticeringen blevet altædende. Du kan endda give din firbenede ven en vegansk eller vegetarisk kost. De aminosyrer, der er vigtige for hundens krop, kommer fra køddelen af foderet. Disse aminosyrer kan dog også komme fra veganske eller vegetariske fødevarer. Det vigtige er, at foderet indeholder alle de vitaminer, mineraler og andre næringsstoffer, som din hund har brug for for at leve et sundt liv. Hvor de i sidste ende kommer fra, er fuldstændig irrelevant.

Færdige menuer på vegansk eller vegetarisk basis kan fås i butikkerne. Ifølge nogle tests er disse dog ikke nødvendigvis anbefalelsesværdige. Dette gælder i øvrigt også for færdige barf-menuer. Du har dog mulighed for selv at sammensætte og tilberede måltider til din hund. Du bør dog kontakte din dyrlæge eller en hundeernæringsekspert på forhånd og få dem til at udarbejde en foderplan, der er skræddersyet til din hunds individuelle behov. Hvis du ikke ved præcis, hvor mange ingredienser der er indeholdt i en fødevare, kan der hurtigt opstå mangelsymptomer.

BARF

BARF står for "Biologically Appropriate Raw Food" (biologisk passende råkost). BARF-mad fodres råt og ikke kogt eller opvarmet på anden måde. Fordelen ved dette er, at mange følsomme næringsstoffer ikke beskadiges eller ødelægges ved opvarmning. Man henviser til hundens oprindelse og forsøger at efterligne den naturlige måde at spise på. En BARF-kost behøver ikke at være kompliceret. I dag tilbyder mange producenter såkaldte "komplette menuer", der kan bruges som en komplet mad. Du kan få de fleste BARF-madvarer frosset og optø dem derhjemme. Så du bør have nok plads i fryseren. Det er billigere end de færdige BARF-menuer, hvis du selv sammensætter maden. Men hvis du gør det, bør du helt sikkert sætte dig grundigt ind i denne form for ernæring. Her finder du nyttige oplysninger om, hvordan du kan omlægge hunde med forskellige sygdomme til BARF-kost. Det er vigtigt at skelne, for ikke alle hunde har de samme krav. Vi starter med hvalpe og unge hunde, efterfulgt af sunde voksne hunde, ældre hunde og endelig hunde med en følsom mave.

Barfing er blevet meget populært. Mange hundeejere er overbevist om, at dette er den mest naturlige måde at fodre en hund på. BARF betyder "biologisk artstilpasset råkost". Andre ejere ønsker blot at vide, hvad der ender i hundens skål uden at skulle bekymre sig om ingredienser. Andre igen har en hund med fødevareallergi. I dette tilfælde kan måltidet tilpasses individuelt til denne sygdom for at undgå netop de fødevarer, der udløser allergi.

Hunden nedstammer fra ulven, og det er fra denne, at det er fra den, at den brækker sig. En ulv i naturen jager og dræber vildt. Den spiser den så at sige med hud og hår og alt indeni. Organer som hjerte, lever, nyrer og mave, herunder deres indhold, spises også. Denne afbalancerede "blandede kost" forsyner ulven med alle de nødvendige vitaminer, mineraler og sporstoffer.

Denne kost skal nu overføres til hunden. Det skal dog bemærkes, at hundens fordøjelse i mellemtiden har tilpasset sig til dens levevis i løbet af dens udvikling og menneskets domesticering. Derfor er en direkte sammenligning med ulven ikke længere nødvendigvis mulig.

Tilbage til at kaste op: Du ønsker at introducere din firbenede ven til denne kost. Men du vil helt sikkert ikke sende ham ud i skoven for at jage et rådyr. Nej... Du skal gå til et supermarked eller en foderbutik for at købe de relevante ingredienser.

Et Barf-måltid består hovedsagelig af råt kød. Men vær forsigtig: Brug aldrig råt svinekød. Årsagen hertil finder du i det følgende kapitel "Hvad skal der ikke være i skålen? Brug hovedsageligt muskelkød fra okse-, kalve-, heste-, fjerkræ- eller lammekød. Indvoldene og knoglerne må ikke mangle. Der anvendes også en vis mængde vegetabilske fødevarer. En sådan ration suppleres kun med de vigtigste tilsætningsstoffer for at tilføre de manglende mineraler og vitaminer.

Vanskeligheden ligger i at bringe alle disse ingredienser i en balance, der er rigtig for hunden. Man skal huske på, at alle hunde har forskellige og meget individuelle behov. Ved hvert BARF-måltid skal ingredienserne afvejes nøjagtigt, så ingredienserne, vitaminerne og alle de nødvendige mineraler er til stede i tilstrækkelige mængder. Dette er den eneste måde at forebygge eventuelle mangelsymptomer på. Disse er hurtigt forprogrammeret, hvis du ikke overholder en kostplan, som dyrlægen har foreskrevet.

Et Barf-måltid består af op til 80 % kødholdige fødevarer. Det drejer sig ikke kun om muskelkød, men også om vommen, slagteaffald, bladmave, brusk, knogler med kødrester og fisk. Kød indeholder proteiner (aminosyrer), mineraler og fedtstoffer.

Indvoldene til et måltid består af mave, hjerte, nyre, lever og lunger. Det giver vigtige mineraler og vitaminer. Lever bør dog kun gives i små mængder, da der ellers kan opstå en overforsyning af A-vitamin, hvilket kan føre til sundhedsproblemer.

Knoglerne sikrer tilførslen af calcium og visse mineraler samt sporstoffer. De tjener også i et vist omfang til tandpleje. Det er bedst at bruge knogler fra kvæg eller lam. Du kan også tilbyde gevirer, kyllingehalse, sener og endda hele lemmer med pels som tyggeartikler. Det er ganske vist lidt usædvanligt. Du skal være villig til at gøre dette af egen overbevisning og derefter acceptere, at et ben med pels fra et andet dyr er på din hunds foderplads. Det er ikke alle, der kan lide det.

Op til 30 % af brækrationen består af vegetabilsk foder. Frugt og grøntsager er vigtige for at give din hund fibre, vitaminer, mineraler og kulhydrater. De grøntsager, der tilbydes, bør altid være purerede, så din firbenede ven kan fordøje dem bedre. Spinat, fennikel, courgetter, agurker, græskar, selleri, rødbede og rodfrugter er alle gode valg. Alle typer kartofler skal altid koges. Den frugt, der tilbydes, kan være overmoden. Du skal fjerne eventuelle kerner og derefter også purere frugten. Du kan fodre med pærer, æbler, bananer, abrikoser og mango. Andelen af frugt må ikke være større end andelen af grøntsager. Du vil finde ud af, hvad der ikke er tilladt i skålen i et senere kapitel.

Hver barfration skal tilberedes med visse olier, så din firbenede ven kan optage fedtopløselige vitaminer og fortsat få essentielle fedtsyrer. Du kan også kombinere forskellige olier med hinanden. Lakseolie, saflorolie, kokosolie, hampolie eller hørfrøolie er mulige her. Alle disse typer skal helst være koldpressede.

Der kan også anvendes forskellige urter. De er ikke absolut nødvendige, men de er et godt supplement. Du kan tilføje små mængder brændenælder, persille eller brøndkarse til Fiffis skål.

Hunde er meget glade for mælkeprodukter, selv om de faktisk ikke tolereres særlig godt, fordi alle hunde er laktoseintolerante og ikke kan fordøje den laktose, de indeholder. Du kan dog tilsætte små mængder hytteost, kvark eller naturlig yoghurt til din firbenede vens måltid.

Æg er også en del af barf-diæten fra tid til anden. De bør dog kun serveres kogte. Du er også velkommen til at tilbyde skallen, men du skal male den meget fint, før du spiser den for at undgå skader på mave eller tarme.

Som allerede nævnt kan ikke engang et barf-måltid undvære tilsætningsstoffer. Her anvendes visse vitamin-mineralblandinger, som din dyrlæge vil forklare og informere dig om.

Den tilsvarende mængde mad kan kun gives som en generel regel. En voksen hund ved godt helbred får ca. tre procent af sin kropsvægt i foder om dagen. Hvis din hund vejer 30 kg, skal den altså få 0,9 kg frisk foder om dagen. Der skal dog også tages hensyn til aktivitetsniveauet og den aktuelle ernærings- og sundhedstilstand. Andre faktorer er også vigtige for beregningen af den korrekte mængde mad.

Alt dette lyder meget kompliceret, men det er det faktisk ikke. Det vigtigste er, at De behandler dette emne tilstrækkeligt. Kontakt også en dyrlæge eller en ernæringsekspert for hunde for at få udarbejdet en foderplan for din firbenede ven. Som lægmand kan du gøre en masse ting forkert her og skade din hund i stedet for at gøre den godt. Desuden bør du regelmæssigt tage din hund med til dyrlægen, så mangelsymptomer kan erkendes i tide, og foderet kan justeres i overensstemmelse hermed. Desuden skal selve ernæringsplanen kontrolleres igen og igen og om nødvendigt suppleres.

Barfing kan have mange fordele, men det har også lige så mange ulemper, som du skal være opmærksom på. Sammenlignet med færdigretter kræver det en betydeligt større indsats at tilberede maden. Du skal planlægge en masse tid til dette. Desuden kan der hurtigt opstå mangelsymptomer, hvis rationen ikke er sammensat præcist. Du må ikke fodre med for mange knogler, da der ellers opstår knoglefæces, hvilket er smertefuldt for hunden. Der skal være en meget god hygiejne ved forarbejdning af råt kød, da bakterier og sygdomme ellers kan spredes. Du bør ikke opbevare kødet til din hund sammen med din egen mad og kun optø den nødvendige mængde kød, som du har brug for. En hund, der har brækket sig, kan være en potentiel bærer af bakterier. Derfor bør gravide og ældre personer samt børn ikke være i permanent nærhed af denne hund. Den bør heller ikke bruges som terapihund. Barfing kan derfor kun anbefales, hvis man er meget godt forberedt.

Fordele BARF

- ✓ Maden er frisk.
- ✓ De fleste hunde kan lide fersk kød.
- ✓ Du har fuld kontrol over, hvad din hund spiser, og du kan justere individuelt, f.eks. i tilfælde af drægtighed og mange sygdomme.
- ✓ Barfers bruger ingen fyldstoffer, konserveringsmidler eller kunstige smagsstoffer.
- ✓ Der er meget mere variation i fodringsskemaet.

Ulemper BARF

✗ Barfing kræver information og viden, som du skal tilegne dig. Det er et must at læse op eller tage til en barf-butik efter eget valg!

✗ Denne fodringsmetode er tidskrævende, da du skal rive eller koge friske grøntsager, og hvert måltid skal sammensættes.

✗ Omkostningerne er højere end det gennemsnitlige tør- eller vådfoder, selv betydeligt hvis du køber billigt færdigfoder.

✗ Hvis de opbevares forkert, kan eventuelle bakterier spredes.

BARF til hvalpe og unge hunde

Det er normalt ikke noget problem at omlægge en hvalp til BARF-kost. Hvalpen har endnu ikke vænnet sig til en bestemt type kost. I bedste fald kan du bede opdrætteren om at vænne hvalpen til kød, inden den gives væk. Allerede i de første dage kan hvalpen spise kød samt små mængder af rumen, slagteaffald og grøntsager. Han bør også kunne tåle knogler fra den anden eller tredje måned, selv om det er bedre at give dem i hakket form. Til meget unge hunde skal du hakke maden, så den er umulig for hvalpen at sluge.

BARF til voksne hunde

Selv om det i de fleste tilfælde vil være muligt at omlægge en sund voksen hund til BARF-kost på meget kortere tid, kan du give din hund fem dage ved hjælp af denne plan. Dette anbefales, hvis det er muligt, da det giver din hunds mave lidt mere tid til at vænne sig til det højere fedt- og kødindhold i BARF. Især hunde, der tidligere har fået tørfoder, kan have brug for lidt mere tid, da deres maver er vant til store mængder kulhydrater, men ikke kød eller fedt. Knogler er også vanskelige at fordøje og kan føre til såkaldt knogleudskillelse. Denne afføring er meget hård og kan forårsage smerte, når den udskilles.

Når man skifter foder, mener mange hundeejere, at det er en fornuftig foranstaltning først at blande det gamle foder med BARF. Dette kan dog føre til fordøjelsesproblemer og anbefales ikke. Giv det første BARF-måltid om aftenen, efter at hunden har fastet om morgenen og ved middagstid. Dette første måltid bør bestå af ca. 80 % kød fra oksekød og 20 % grøntsager. Vælg letfordøjelige grøntsager, f.eks. revet gulerødder. Hvis du vil være på den sikre side, kan du også skoldes kortvarigt med varmt vand den første dag for at gøre maden mere fordøjelig. På anden og tredje dag, hvis hunden ikke har nogen problemer, kan du tilføje noget oksekødspumpe og bladmave. Hvis hunden er følsom, kan du udelade rumen og bladmagen igen og skoldes med kogende vand. På den fjerde og femte dag skal du tilsætte slagteaffald til maden. Indvolde bør kun gives i små mængder. Derudover kan kosten suppleres med en anden type kød og grøntsager. Først fra den anden uge bør du indføre bløde knogler, f.eks. kyllingehalse, i foderet, da disse er sværere at behandle.

BARF til hunde med følsomme maver

Hvis der er tale om særligt følsomme hunde, er det alligevel altid fornuftigt at sammensætte kosten sammen med en dyrlæge. BARF-fødevarer kan først gives kogt. Så er de ikke længere rå, men lettere fordøjelige og mere letfordøjelige.

BARF for ældre hunde

Hos ældre hunde kan kroppen have brug for lidt mere tid til at vænne sig til BARF-diæten. Det kan også være, at fødevarer, der er særligt vanskelige at fordøje, som f.eks. knogler, ikke fordøjes så godt. Støt din hund ved at fodre den med hakkede knogler. Finskårne brystben, lamme- eller kyllingehaler er velegnede til at sikre, at din hund får nok calcium.

DEN RIGTIGE PLEJE

Pas på poterne

Det er især vigtigt at pleje poterne om vinteren og ved meget varme temperaturer om sommeren, fordi hundens poter så er særligt belastede. Der er dog nogle få ting, du altid kan gøre for at passe på din hunds poter. Hold pelsen på poterne kort nok til, at der ikke kan dannes sammenfiltre. Splinter, små sten eller endda mider kan samle sig i dem og forårsage smerte hos hunden. Der findes særlige pelsklippere med en afrundet spids, så du ikke ved et uheld stikker hunden. Fodpuderne kan også have brug for særlig pleje, hvis din hund har tendens til tørre puder. I dette tilfælde kan der dannes små revner, som kan forårsage smerte og betændelse. Massér dagligt en fedtet potebalsam ind i bollerne. Dette danner en beskyttende film, der forhindrer, at puderne går i stykker. Ved ekstreme temperaturer, hvad enten det er varmt eller koldt, kan det være nyttigt at give hunden sko på. Mange hunde skal først vænne sig til dette, men sådanne sko kan være en vigtig beskyttelse for poterne.

En ordentlig kontrol af poterne bør helt sikkert være en del af plejerutinen. Kig efter små skader og revner samt eventuelle fremmedlegemer og snavs, der kan sætte sig fast mellem tæerne. Rengør poterne regelmæssigt med lunkent vand. Dette vil løsne fremmedlegemer, der kan ophobes ubemærket i mellemrummene mellem poterne.

Tandpleje

Hvis en hund stadig spiste som en ulv, ville den ikke have brug for nogen særlig tandpleje. I naturen findes der alt, hvad der kan holde tænderne rene og intakte. Det er naturligvis ikke tilfældet med vores hunde, fordi de får deres mad og ikke behøver at gøre noget for at få den. Hvis foderet er på dåse, er det desuden blødt, og hunden behøver ikke at tygge det. Med tørfoder er der i det mindste en mulighed for, at hunden tygger det, inden den sluger det, og dermed bliver tænderne renset lidt.

Det giver nu mening at give din hund noget at tygge på. Knogler med bøffelskind er bedst til denne race. Han kan tygge vidunderligt på dem og slappe af på samme tid. Men det er ikke alle knogler, der skal gives til hunden. Du kan finde ud af, hvad disse er i kapitlet "Hvad må ikke være i skålen?

Det kan dog være, at din hund slet ikke kan lide at tygge på knogler. I dette tilfælde kan du forsøge at gøre særlige tyggestrimler eller -pinde til tandpleje velsmagende for ham. Du kan også købe passende tyggele-getøj i butikkerne. Din firbenede ven vil måske også gerne lege med dem.

For at forebygge tandsygdomme er det vigtigt, at du regelmæssigt kigger i din hunds mund. Hvis du bemærker uregelmæssigheder, skal du besøge din dyrlæge. Da du naturligvis vil besøge din dyrlæge med jævne mellemrum for at få din hund rutinemæssigt undersøgt, kan han også se nærmere på tænderne.

Ørepleje

Ørene er et meget vigtigt sanseorgan for hunden. Derfor er det endnu vigtigere, at du som ejer gør alt, hvad du kan, for at passe på din hunds ører og holde dem sunde. Ligesom os mennesker producerer hunde øre-voks. Det kan dog ske, at en hund producerer for meget ørevoks. Bakte-rier og snavs kan samle sig i den. Snavs kan også komme ind i hundens ører, når den leger i naturen. Derfor skal du regelmæssigt kontrollere hundens ører for fremmedlegemer. Du kan rense hundens ører på en skånsom måde. Du må ikke bruge vatpinde, de hører ikke hjemme i ørepleje. Brug i stedet en blød vatrondel eller et fint håndklæde. Fugt en vatrondel eller et håndklæde med lunkent vand. I dyrehandlere kan du finde øreplejeprodukter til hunde, som du også kan anvende et par dråber af. Andre produkter dryppes direkte ind i øret. Læs altid vejlednin-gen på emballagen, før du bruger et produkt. Afdæk forsigtigt øret, og tør det forsigtigt af med den våde vatkugle eller det våde håndklæde. Så længe du opmuntrer hunden med venlige ord, vil den sandsynligvis ud-holde denne procedure uden at klage. Brug af godbidder er en genn-emprøvet metode.

Mere alvorlige øreproblemer er anderledes end harmløst snavs. Hvis din hund ofte ryster på hovedet eller klør sig i øret, kan det være tegn på en infektion med bakterier eller kim. Du kan genkende en ekstern infektion, hvis øret er rødt eller endda har pus eller skorpede områder. Infektioner kan også forårsage en ubehagelig lugt. Især Kooikerhondje elsker at svømme. For følsomme hunde kan det give problemer at bade i stillestående, forurenet vand. Lad din hund, selv om den kan lide det, helst ikke bade i forurenet vand, og rens ørerne grundigt efter badning i naturen. Hvis du er i tvivl, skal du kontakte en dyrlæge og beskrive hundens usædvanlige adfærd.

Klip kløer

Det bedste tidspunkt at trimme kløerne er enten efter en gåtur eller efter leg. Så er din hund træt, og den vil tage denne procedure mere roligt.

Det er lige så vigtigt at trimme hundekløer som at trimme fingernegle. Kløerne vokser hele tiden ud igen og vil til sidst blive for lange, hvis de ikke slides tilstrækkeligt ned gennem motion.

Hos nogle hunde sker nedslidningen af kløerne automatisk, mens det ikke sker hos andre hunde. Store og tunge hunde har færre problemer med lange kløer end små og lette hunde. Kløernes hårdhed er også afgørende for, om de kan slides godt eller ej.

Den korrekte længde af kløerne er dog vigtig for sunde ben. Hvis de er for lange, presses fodballen opad, og knoglerne og ledbåndene kan blive skævt placeret. Der er også en risiko for, at din hund river kløerne af eller knækker dem af. Dette kan føre til betydelige smerter. Den korrekte længde på kløerne gør det muligt for din hunds pote at rulle godt, og den kan derefter gå meget bedre. Og sidst men ikke mindst lider dit gulv mindre, når din hund har flotte kløer.

Men hvordan kan du se, om Fiffis kløer er for lange? De skal være ca. to millimeter fra gulvet. Dette er svært at måle ... tag et stykke papir og prøv at føre det ind under poten til din firbenede vens kugle. Hvis det ikke lykkes, er kløerne for lange og skal afkortes.

Nu skal du være lidt dygtig, hvis du selv vil klippe din hunds kløer. Du må under ingen omstændigheder klippe for meget af, da det vil forårsage blødning, og dit kæledyr vil få smerter.

Der er blodkar i kløerne. Hvis kløerne er lyse, skal du holde en lommelygte mod dem, så kan du se dem tydeligt. Kun den del af kløen, der ikke er blodtilført, må afskæres.

Hvis kløerne er mørke, er din eneste mulighed at føle dig langsomt fremad med en negleklipper. Skær altid små stykker af kløen af, indtil du finder en lille sort plet. Så har du nået blodkarret og skal stoppe. Du kan måske se blodkarrene i den mørke klo med lampen på din mobiltelefon. En sådan lampe lyser meget klart. Hvis du har udført denne procedure oftere, vil du med tiden få en fornemmelse for den og automatisk vide, hvor langt du kan afkorte kløerne.

Husk også ulvekløerne på din hunds bagben. Ulvekloen er den femte tå og er normalt ikke i kontakt med jorden. Den kan vokse ind i huden, hvis den ikke trimmes regelmæssigt. Der er også en risiko for at få snask.

Lad os nu komme i gang med at trimme kløerne. Det første, du skal gøre, er at samle alle de redskaber, du har brug for. Først og fremmest naturligvis en klosaks og, hvis der skulle ske et uheld, en sæbe eller en blødningsstop til hunde samt en speciel hundesok, hvis det skulle ske. Du kan købe en passende blødningsstopper i en specialforretning eller hos din dyrlæge samt på internettet hos "big A".

Det er nemmest at klippe kløerne, når din firbenede ven ligger ned. Hvis han har en stabil tillid til dig, vil han være rolig og afslappet. Hvis du selv er ophidset, fordi du klipper kløerne for første gang, vil din hund også være urolig.

Hold nu hans pote fast i din hånd. Det er bedst at belyse dit arbejdsmiljø, så du kan se godt. Se også gennem kløerne på din firbenede ven for at se blodkarrene. Du er også velkommen til at bruge en lup eller en bordlup, så du kan se alting endnu bedre.

Hvis din hund vil trække poten væk, skal du holde den fast. Skær kløen vinkelret på vækstretningen og kun et lille stykke ad gangen, så blodkarrene indeni forbliver intakte. Din kløvetrimmer har sandsynligvis en afstandsstykke, men stol ikke udelukkende på dette, men se altid selv efter.

Når din skat roligt har gennemgået hele proceduren, skal du rose ham meget og forkæle ham med hans yndlingsgodbidder. Selv med den bedste praksis kan det naturligvis ske, at du skærer for langt. Det er derfor, du har en "nødpakke" klar. For når det først er sket, og kløen bløder, skal man handle hurtigt.

Sæt den blødende klo i det bløde stykke sæbe. Blødningen bør nu hurtigt stoppe, og sæben danner et beskyttende lag. Træk nu hundesokken over poten, så sæben klæber fast til den. Du kan selvfølgelig også bruge den nævnte blødningsstop i stedet for sæbe. Din firbenede ven kan nu gå rundt med denne sok i ca. en uge for at beskytte den skadede klo, så der ikke opstår betændelse. Du skal naturligvis kontrollere poternes tilstand flere gange om dagen. Hvis du er usikker, bør du besøge en dyrlæge med din hund. Det er bestemt ikke let for amatører at skære kløer. Det kræver øvelse og følsomhed. Hvis du ikke er sikker på, at du kan gøre det selv, kan du bede din dyrlæge om hjælp. Under rutineundersøgelser kan han eller hun også overtage klipningen af kløerne. Måske kan han vise dig det og lære dig det, så du er forberedt til næste gang.

Øjenpleje

Kooikerhondje hører ikke til de hunderacer, der har særligt følsomme øjne. Ikke desto mindre bør du naturligvis også være opmærksom på din hunds øjenhygiejne. I hverdagen er det tilstrækkeligt at kontrollere øjnene regelmæssigt for indlejringer, skader og fremmedlegemer. Undertiden samler der sig skorper i øjnene under søvnen. Du kan fjerne dem forsigtigt ved at tørre dem forsigtigt af med en fugtig klud. Hvis din hunds øjne har tendens til at klistre lidt mere sammen under søvnen, kan du også tilføje et øjenplejeprodukt til hundeøjne.

Det er anderledes, når øjet virkelig giver problemer. Hunde kan f.eks. få konjunktivitis af træk. Konjunktivitis er smitsom hos hunde. Så hvis du renser et betændt øje med en klud, skal du smide denne klud ud bagefter og bruge en ny klud til det andet øje. Opvarmet luft kan føre til tørre øjne. På lang sigt er dette også en sundhedsrisiko for hunden, da øjnene bliver mere modtagelige. Sørg for, at luften i dit hjem ikke er for tør. Hvis din hunds øjne er særligt tørre, kan du bruge øjendråber til at lindre dem.

Besøg hos dyrlægen

Regelmæssige besøg hos dyrlægen er fornuftige for at holde øje med dit kæledyrs helbred. Hvis din hund lige er flyttet ind hos dig, bør du præsentere den for din dyrlæge med det samme og få den registreret der. Spørg også om eventuelle nødvendige vaccinationer, og tjek chippen. Det er vigtigt, at du kan stole på din dyrlæge, og at han er tilgængelig, når du har brug for en tid. Han bør kunne rådgive dig om regelmæssige vaccinationer. Vær ikke bange for at aflægge dyrlægen et besøg for meget i stedet for for få. Hvis du føler, at din hund viser tegn på sygdom eller ubehag, er det bedre at få den undersøgt én gang.

Parasitter

Parasitter kan gøre livet meget svært for din Kooikerhondje. De forårsager normalt alvorlig kløe, men alvorlige sygdomme kan ikke udelukkes. Dette er de mest almindelige typer parasitter:

Mider

Desværre er mider meget almindelige hos hunde. De er klassificeret som edderkopper og ligger normalt på lur i græsset på enge og marker. Din firbenede ven vil fange dem alt for hurtigt, hvis han går gennem græsset.

Der findes forskellige typer af mider i Europa, f.eks. demodexmider, græsmider, rovmider, øremider, gravende mider og skælmider. Nogle af dem kan også overføres til mennesker og kan overføre sygdomme som f.eks. fnat.

Nogle symptomer er de samme for hver type mide, men der er også specifikke symptomer, som kan bruges til at identificere, hvilken type mide der er tale om.

Generelt kan der være meget kraftig kløe. Din hund vil klø sig uafbrudt. Der kan dannes skæl på huden, og pelsen kan falde ud. Den konstante kradsning vil forårsage sår og eksem. Desuden kan de åbne områder føre til betændelse og yderligere infektioner.

Ved et angreb af øremider kan symptomerne også kun ses på ørerne. En hurtig aftale med dyrlægen er nu uundgåelig, fordi nogle typer mider kan være meget smitsomme og kan også sprede sig til mennesker. Andre kæledyr bør også undersøges for angreb og behandles i overensstemmelse hermed. Din dyrlæge vil give dig medicin for at mindske kløen. Han kan også anbefale en særlig shampoo eller et særligt pulver. Du skal derefter behandle din firbenede ven med dette i henhold til instruktionerne. Tænk også på hundens seng, for her kan mider også leve.

Hvis du har efterårsgræs mider i din have, skal du slå den oftere end normalt og bortskaffe græsafklippet. Lad kun din hund løbe rundt i græsset, når det er vådt. Så vil der ikke være så mange mider der.

Det er ikke let at forebygge mider, men hvis din hund har et sundt og stærkt immunsystem, er et angreb mindre risikabelt. Derfor skal du give din firbenede ven en god og afbalanceret kost og give ham tilstrækkelig motion. Tjek din hunds pels for parasitter efter hver gåtur. På den måde kan du reagere, før angrebet bliver mærkbart. Nogle gange anbefales det at vaske hunden efter hver gåtur, så eventuelle skadedyr skylles ud. Det er dog ikke særlig gavnligt for dit kæledyrs hud og pels. Men du bør rengøre halsbåndet eller selen grundigt med jævne mellemrum, og du bør også rengøre hundetæpperne fra kurven. Til grav- eller demodexmider kan du bruge fortyndet æblecidereddike. Pas dog på, at du ikke får denne blanding i hundens øjne eller på åbne sår. Det er også muligt at anvende kokosolie. For nogle midearter vil dette blokere åndehullerne, og de vil dø. Du skal dog altid rådføre dig med din dyrlæge, hvis du ønsker at bruge sådanne hjemmemidler. Det er ikke altid den rigtige måde og tilrådeligt.

Flåter

Flåter er ikke mindre farlige end mider og lopper, fordi de også kan overføre sygdomme, som også kan være farlige for mennesker. Der kan forekomme flåter hele året rundt og ikke kun om sommeren, som det ofte fejlagtigt antages. Når temperaturen er mindst 6 °C i flere dage, bliver flåter aktive og leder efter deres værter.

En tæge, som i øvrigt klassificeres som en edderkop, er allerede som larve afhængig af føde. På dette stadium foretrækkes dog små dyr som mus eller rotter. Større og voksne flåter findes oftere på katte, hunde eller endda mennesker. Det er dog også muligt for dem at overleve i flere år uden mad. Deres bid, eller rettere sagt deres stik, kan overføre sygdomme, fordi de kan have været på mange andre værter før. De spredes af fugle eller andre pattedyr.

Før en hunflåt kan lægge sine æg i løvet, skal den have fået blod fra en vært i flere dage. Hun dør efter at have skjult æggene med succes. Når larven klækker, skal den finde en vært, som kan spise dens blod og nå det næste udviklingsstadium. Hvis dette ikke sker, dør den til sidst. Larven bliver til en nymfe i det andet år. Den er endnu ikke fuldt udvokset, og den skal igen lede efter en vært, som den kan spise. Det er først i det tredje leveår, at flåten er voksen og ønsker at formere sig. Derfor skal den igen optage blod. Derefter kan den lægge sine æg og dør. En ny cyklus begynder. Flåter kan i øvrigt kun bekæmpes på det angrebne dyr. Hele livscyklussen for et sådant spindedyr foregår i naturen og ikke på værten.

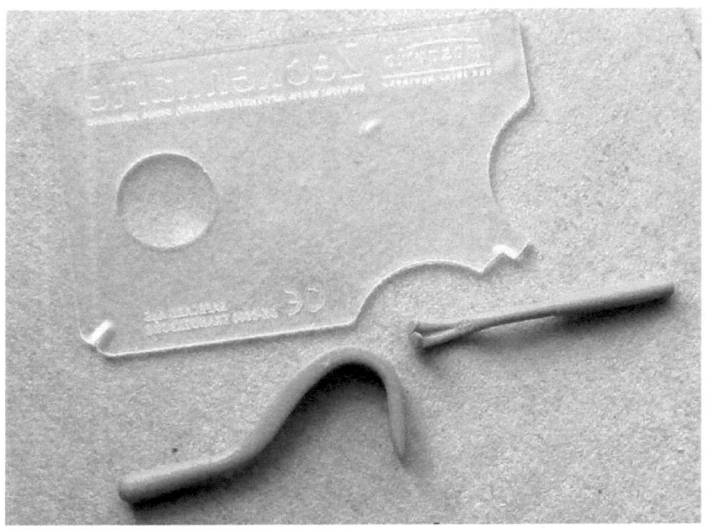

Vores tæppesæt, ©

En flåt kan hurtigt findes i din hunds pels, hvis du gør dig den ulejlighed at undersøge den regelmæssigt for parasitter. Den vil normalt blive hængende på sin vært i flere dage, før den falder ned, gennemvædet af blod. Et ubemærket bid fra en flåt kan dog være meget svært at opdage. Her skal du holde øje med træk som hyppig kløen, rødme og hævelse.

Flåter er især farlige, fordi de bærer mange patogener. De kan overføre trådorme, virus, bakterier og protozoer og dermed forårsage betydelige sundhedsproblemer, og det gælder ikke kun for hunden, men også for os mennesker. Det, der for få år siden blev betragtet som en rejsesygdom fra Middelhavsområdet, er nu allestedsnærværende her i Tyskland. F.eks. kan et flåtbid af arterne "brun hundeflåt" og "alluvial skovflåt" forårsage ehrlichiose eller babesiose, også kendt som hundemalaria, som ofte har et kronisk forløb. Infektion med anaplasmose er også mulig.

Anaplasmose overføres af den almindelige skovflåt. Den findes i hele Europa, Amerika og Asien. Bakterierne påvirker kun visse hvide blodlegemer og forårsager udmattelse, appetitløshed, halthed, feber, diarré, opkastninger og ledbetændelse. Undertiden kan der forekomme blodpropper og blødninger i slimhinderne. Behandlingen sker med et antibiotikum og kan normalt helbredes. De ledsagende symptomer på denne infektion skal dog også behandles. Patogenerne i babesiose er i stand til at ødelægge de røde blodlegemer. Inden for tre uger efter infektionen kan der opstå feber, og urinen bliver mørk. Derudover er der blege slimhinder, lavt blodtryk og forstørrelse af milten. Hvis du bemærker et eller flere af disse symptomer hos din hund, skal du kontakte din dyrlæge så hurtigt som muligt, for hvis denne infektion ikke behandles, kan den ende med, at det berørte dyr dør. Dyrlægen vil give et antiprotozoalmiddel, når diagnosen er stillet. Dette er et lægemiddel, der behandler parasitære infektionssygdomme.

Du vil være mest bekendt med borreliose. Den er ret almindelig i Tyskland, da næsten hver tredje flåt er inficeret med disse bakterier. Når borreliose overføres til værten, spredes den i blodbanen og kan forårsage problemer med led, organer og nervesystem. De første symptomer er træthed, udmattelse, feber og appetitløshed. Der kan også forekomme halthed. Hvis der er tale om en sådan infektion, behandles den med et antibiotikum. Som en forebyggende foranstaltning kan du få din hund vaccineret mod borreliose, så patogenerne ikke kan overføres til den potentielle vært i tilfælde af et flåtbid. Der findes også sprays, kraver eller spot-on-præparater til profylakse. Disse er normalt også effektive mod lopper og andre parasitter.

I mellemtiden føler selv den tropiske Hyalomma-flåt sig hjemme i Tyskland. Den kan overføre smitsomme feber-sygdomme og dermed forårsage sundhedsproblemer.

Den bedste forebyggelse mod flåter er at kontrollere pelsen regelmæssigt. Gør dette efter hver gang du går tur med din hund, og hold øje med disse parasitter, især på hovedet og brystet. Hvis din hund fanger en flåt, skal du være forsigtig, når du fjerner den. Brug aldrig husholdningsmidler som olie, alkohol eller lim. Flåten vil ikke give slip på disse væsker, men vil i sin dødskamp frigive mere spyt og eventuelle patogener, der måtte være til stede, i bidsåret. Bedre egnet er en såkaldt flåtpresse eller en flåtkrog. Med disse kan du professionelt fjerne blodsukkeren uden at knuse den eller endda efterlade hovedet eller munddelene i såret. Hver enhed leveres med en beskrivelse af, hvordan den skal bruges. Hvis du ikke er sikker nok til at gøre dette, skal du ikke tøve med at bede din dyrlæge om hjælp.

Lopper

Hvis du bemærker en usædvanlig rastløshed hos din firbenede ven og ser, at han ofte slikker eller gnasker på bestemte områder og klør sig meget, skal du undersøge hans pels for lopper. Det er sandsynligt, at det skyldes et loppeangreb. Lopper er meget små, kun ca. 4 mm, men de er alligevel lette at få øje på. De er som regel sorte, flade på siden og kan hoppe meget langt. For at opdage et loppeangreb med sikkerhed kan du tage en fin loppekam og køre den gennem din hunds pels. Hvis der er lopper til stede, vil du finde dem eller deres rester i form af små sorte krummer i kammen. Hvis du gnider disse sorte krummer i et fugtigt lommetørklæde, bliver de rødbrune. Dette er loppeekskrementer.

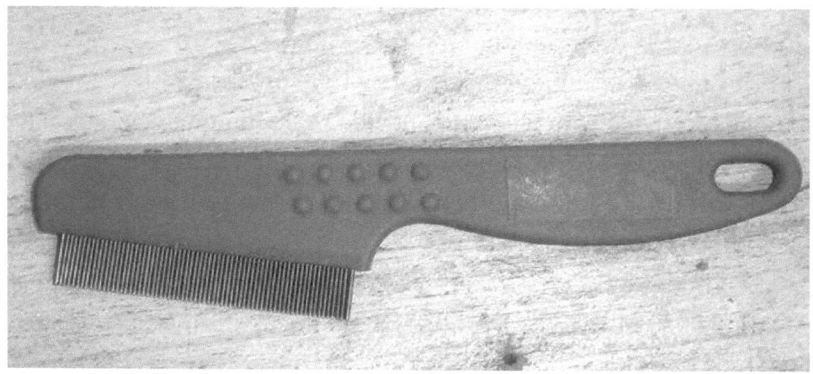

Vores loppekam som et nyttigt værktøj, ©

Nu skal du gøre noget hurtigt mod lopperne, for de vil ikke kun sætte sig fast i din firbenede vens pels, men også i hans kurv og alle de steder, hvor din hund opholder sig. Desuden kan det konstante kradse- og slikkeri forårsage infektioner på huden, og lopperne kan også overføre andre sygdomme. Det er f.eks. tænkeligt, at din firbenede ven kan få meningitis eller pletfeber af lopperne. Der kan også forekomme en allergisk reaktion på loppebid, som kan overføres af lopperne, hvilket man næsten aldrig tænker på. Alt dette er heller ikke ufarligt for mennesker. Derfor bør du altid foretage en ormekur i tilfælde af et loppeangreb.

Der findes forskellige loppebekæmpelsesmidler i butikkerne eller hos din dyrlæge. Du kan drøfte med din dyrlæge, hvilken der er den rigtige for din hund. Der findes pipetter, såkaldte spot-ons, hvis indhold dryppes ind i dyrets hals. Dette kan endda gøres profylaktisk for at forhindre, at hunden overhovedet får lopper. Sprays kan også være nyttige, men du skal sikre dig, at de kan bruges på ét dyr. Desuden findes der loppehalsbånd, der indeholder en aktiv ingrediens, som er dødelig for lopper. Hvis du foretrækker at prøve det uden kemikalier, kan du prøve silica eller diatoméjord. Dette meget fine pulver kan spredes på din hunds pels. Det kan også bruges til hundens strøelse, og dit kæledyr vil selv sprede dette pulver, hvor det end går. Det tager lidt længere tid at slippe af med loppeangreb, men det har en meget langvarig virkning. Det er vigtigt, at du ved enhver form for anvendelse behandler alle dyr i husstanden mod lopper. Ellers er der risiko for, at de hopper fra et dyr til et andet og dermed aldrig bliver helt udryddet.

Desværre gør loppen ingen forskel på, om den vælger en voksen hund eller en hvalp som vært. Hos hvalpe skal loppemedicin dog anvendes med forsigtighed, fordi immunsystemet endnu ikke er fuldt udviklet. Sørg for at tale med din dyrlæge om, hvilken medicin mod flåt du kan bruge uden at skade din lille skat.

Der findes også forskellige sprays til hundens omgivelser, men loppeæg og -larver bliver ikke altid dræbt. De findes normalt i sprækker og mørke hjørner i dit hjem. Derfor bør du nu gribe til støvsugeren hver dag. Det gør det nemmere for larverne at klække, og du kan bekæmpe dem med medicin mod flåtangreb. Hvis lejligheden er for hårdt ramt, kan du bruge såkaldte "foggers". Du vil dog ikke kunne komme ind i dit hjem i flere timer og skal rengøre alle møbler omhyggeligt. Det er en meget besværlig metode, men nogle hundeejere sværger til den.

Nu undrer du dig sikkert over, hvor din hund overhovedet har fået lopper. Det sker hurtigt, når du er ude med din firbenede ven. De små skadedyr ligger på lur i græsset eller i pelsen fra andre hunde, som din hund har leget med. Loppernes pupper og larver kan endda overleve i flere måneder uden mad og ender i sidste ende i din firbenede vens pels. Og så skal man tænke på, at en loppe kan springe over en halv meter. Desværre er vores vintre ikke længere bittert kolde nok til at dræbe en loppepopulation, og når der først er nogle lopper i hjemmet, er det særligt nemt for dem at formere sig hurtigt. En hun kan producere mange hundrede æg i løbet af få uger, som til sidst falder af hunden og dermed spredes over hele lejligheden. Det er derfor, det er så vigtigt at kontrollere dem inden for dine egne fire vægge. Loppelarverne klækkes fra æggene efter kort tid. De findes især i mørke sprækker eller i tøj og tekstiler samt i tæpper. Larverne er meget robuste og vanskelige at fjerne. I den næste cyklus forpupper larven sig og kan overleve i mange uger og måneder. Selv kemikalier påvirker næppe puppen. Nu kommer den voksne loppe frem og er klar til at lægge nye æg. Det er meget vanskeligt at bekæmpe et reelt loppeangreb. Gør derfor dig selv en tjeneste og tjek din hund regelmæssigt for parasitter.

Sygesikring

Selvfølgelig vil forsikringsselskaberne gerne tjene penge. Derfor betaler du normalt mere i forsikringspræmier, fordelt over hele hundens levetid, end dyrlægen ville koste dig. Men du bør ikke træffe beslutningen så let.

Medmindre du har en kredit, der giver dig mulighed for at dække selv en meget høj dyrlægeregning til enhver tid, spiller tidsfaktoren en rolle. En dyrlægesygeforsikring dækker alle omkostninger allerede efter få måneder. Rådet om at spare et beløb op, der svarer til præmien hver måned, nytter ikke noget, hvis din hund kommer ud for en alvorlig ulykke i en ung alder. Ingen dyrehospitaler vil acceptere, at du betaler for behandlingen i små rater over 10 år.

Desuden kan du være uheldig, at din hund bliver syg, og at der er behov for mange dyre behandlinger. I disse tilfælde er forsikringen mange gange billigere. Men se nærmere på satserne.

Først og fremmest skelnes der mellem en omfattende sygesikring, en forsikring mod udgifter til kirurgi og en ulykkesforsikring.

En omfattende sundhedsforsikring dækker alle nødvendige dyrlægeudgifter, men normalt kun en del af udgifterne til vaccinationer. Nogle selskaber dækker ikke rene undersøgelser, f.eks. med henblik på et sundhedscertifikat.

Taksterne er relativt dyre. Der er normalt en aldersgrænse, når du tegner forsikringen. I nogle tilfælde er der en øvre grænse for ydelserne, eller der er aftalt en selvrisiko pr. år eller pr. diagnose. Som regel er forsikringsdækningen afhængig af, at din hund får visse vaccinationer.

Desuden udbetales de fulde ydelser normalt først efter en ventetid. Behandlinger, der bliver nødvendige på grund af en ulykke, som er sket efter kontraktens indgåelse, dækkes normalt straks af selskabet.

Kirurgiforsikringer er betydeligt billigere, men ofte er det kun de rene operationsudgifter, der dækkes. Nogle takster dækker også udgifterne til præ- og postoperative undersøgelser samt medicin. Der er også mulighed for venteperioder og ydelseslofter. Det er dog ofte muligt at tegne en forsikring for ældre dyr.

Med en **ulykkesforsikring** dækker forsikringsselskaberne kun de behandlingsudgifter, der bliver nødvendige som følge af en ulykke. Satserne er meget gunstige, der er ingen ventetid og ingen aldersgrænse.

Opmærksomhed: I henhold til den generelle takst for dyrlæger (GOT) kan lægen opkræve op til tre gange basisværdien af en ydelse. Ofte dækker selskaberne kun den enkelte sats. Derfor kan det være, at du selv med en fuld forsikring kun får refunderet en del af lægens regning.

Hvad	Omkostninger / år
Hundeskat	100 - 150 euro
Ansvarsforsikring for hundeejere	50 - 100 euro
Dyresundhedsforsikring	120 - 300 euro
Bidrag til hundeklubben	50 - 100 euro
Chuck	1.200 - 2.000 euro
I alt	**1.520 - 2.650 euro**

Uddannelse og erhvervsuddannelse af en Kooikerhondje

Det er ikke altid let at træne en hund, især hvis ejeren ikke har nogen tidligere erfaring. Dette trin kan være overvældende, og der opstår hurtigt frustrationer, som kan forstyrre både hunden og mennesket massivt i hverdagen. I det foregående kapitel blev der redegjort for grundlæggende træning, men det beskriver ikke, hvordan man etablerer et intimt bånd mellem menneske og hund, der er baseret på respekt og venlighed. Dette vil blive behandlet i dette kapitel, så selv de små forhindringer i det daglige liv sammen kan overvindes.

Nøgleordet her er positiv forstærkning. Det er ikke ualmindeligt, at hunde på samme måde bliver skræmt af deres nye hjem og de kommende læringstimer, ligesom det er tilfældet med ejeren som lærer. Her skal der arbejdes med tålmodighed og venlighed, for det er de små skridt, der fører duoen til målet.

POSITIV FORSTÆRKNING I DAGLIG TRÆNING

Uddannelse i respekt

Respekttræning er en af de vigtige dele af en hunds opdragelse. Der skal etableres et forhold, som skal bygge på generel respekt. Nøgleordet her er dominans og tillid.

Gennem de seneste års forskellige tendenser er det blevet klart, at vold ikke er nødvendig i forbindelse med træning af en hund. I stedet er det nødvendigt at arbejde med dominans, som ikke er skræmmende, for at en ejer kan hævde dominans. Denne dominans er den samme dominans som i den private sfære eller i arbejdslivet. For at de følgende øvelser skal virke, skal ejeren ikke kun optræde selvsikkert, men også være rolig, fattet og frem for alt selvsikker. Personen skal være klar over, hvor meget magt han har over hunden, og det skal også udstråles, men med ro og venlighed. Dette er især vigtigt, hvis øvelserne ikke virker med det samme.

Enhver, der ikke har selvtillid i hverdagen, bør lære dette først, før man forsøger at lære hunden at respektere sig selv, da hunden ellers ikke vil kunne tage sin ejer alvorligt.

For at se, om hunden allerede fra starten føler en vis respekt eller slet ingen respekt, kan man anvende en simpel tillidstest. Denne test kan bruges til at se, om hunden er i stand til at acceptere menneskets forrang. Det er vigtigt at forstå, at dette er en prøve og ikke en øvelse. Alle resultater er gode resultater.

I bedste fald bør hunden kende nogle få kommandoer. Ved prøvens begyndelse skal kommandoen om at sidde eller ligge ned gives. Nu skal ejeren sætte sig på hug ved siden af hunden. Her er det vigtigt at sikre sig, at hunden ikke bliver bøjet forover, dominansen skal ikke tvinges frem. Nu kan ejeren placere sin hånd på hundens øvre hals, helst lige bag ørerne og ikke direkte på halsen, da det ellers hurtigt kan blive ubehageligt. Det drejer sig heller ikke om at bevise sin styrke eller at være god til at tage fat. Det er simpelthen en afslappet bevægelse. Med et lille tryk kan hovedet nu presses ned på jorden, men kun så langt, at hundens hage ikke rører jorden. Hvis hovedet er presset helt mod jorden, kan det give hunden en følelse af at sidde fast.

Denne test skal vise, hvor meget pres der skal til for at få hunden til at følge med i bevægelsen. Hvis der ikke er behov for pres, accepterer hunden, at mennesket har forrang. Hvis hunden ikke følger bevægelsen og forsøger at ryste menneskets hånd af sig, har teamet stadig lang vej igen. Hvis denne prøve gentages efter nogen tid, er målet, at man ikke længere skal kunne mærke nakken, men kun pelsen. Dette bør være nok til, at hunden følger bevægelsen. Hvis hunden trækker sig væk og viser frygt, så er dominansen skræmmende, og der kan ikke være nogen positiv forbindelse mellem hund og ejer.

Afhængigt af, hvor langt hunden er nået med accepten, kan forskellige øvelser nu bruges til at uddybe menneskets dominans yderligere.

Det er derfor vigtigt at forstå, hvordan en ulveflok opfører sig - hundens forfædre. Rudlelederen betragtes som en adelsmand, han opfører sig suverænt og majestætisk. Det betyder bl.a., at han forventer hilsner, men ignorerer dem for at demonstrere sin magt. Mennesker kan gøre brug af dette system. Mange hundeejere har udviklet et morgenritual med deres hund. Der bliver kælet meget, og nogle hunde får lov til at hoppe op på sengen eller op ad menneskets ben. Dette ritual bør undgås. Hunden bør heller ikke betragtes som et menneske. Nogle ejere begynder at tale til hundene, straks efter at de er vågnet, men det har ikke den ønskede virkning. Selvfølgelig er det rart at se sin bedste ven hver morgen, men det viser hunden, at den kan slippe af sted med sin adfærd.

Om morgenen bør du derfor forsøge at ignorere hunden i et par minutter. Det behøver ikke at være længe, men længe nok til at hunden kan falde til ro efter sin morgenglæde. Dette kan efterfølges af en behersket hilsen. Blide ord og et par stille strøg er helt nok, men der bør ikke være for meget petting her. Formålet med dominans er at få hunden til at lære, at den skal opføre sig ordentligt og arbejde for sine elskede klapninger.

Hunde er mestre i deres håndværk. De ved præcis, hvordan de kan få det, de vil have fra deres mennesker. De tigger om opmærksomhed og ved udmærket godt, hvad det betyder for dem. Det er en del af hundens naturlige adfærd. Selv om det er svært at modstå de store øjne, bør man ignorere det. Det ville kun forstyrre ens morgenritual, især hvis der ikke er meget tid til at arbejde om morgenen.

Det samme gælder, når du kommer tilbage efter arbejde eller generelt efter at have forladt huset. Nogle hundeejere fremkalder adrenalin i hunden med udstrakte arme eller en meget høj stemme. De hilser på deres hund, fordi de har savnet den. Det er meget normalt, men det skal forstås, at en hjemvendt flokleder aldrig hilser på flokken. I stedet er flokken glad for at se ham vende tilbage og hilser på ham, aldrig omvendt.

Lige så meget som folk er glade for at se deres bedste ven igen, lige så glade er hundene for at se deres bedste ven igen. Nogle løber hen mod deres ejere, andre hopper op ad deres ben. For at sikre, at dette ikke sker af sig selv i fremtiden, bør hunden ignoreres, indtil den er faldet til ro. Det senere mål er at lade hunden læne sig op ad ejeren eller andre mennesker eller endda skubbe til dem med snuden, men bevægelserne skal være rolige og kontrollerede. Ophidset adfærd belønnes ikke i naturen, så den bør heller ikke belønnes af ejeren.

Hvis dette opretholdes, kan det også hjælpe hunde med tilknytningsangst. Ved at give en flygtig hilsen med varme ord eller meget korte klap lærer hunden, at det er normalt, at mennesket forsvinder fra synet eller ikke er til stede i et par timer.

En svag hilsen om morgenen og senere på dagen kan få hunden til at miste interessen for mennesket eller kede sig. For at kompensere for dette bør ejeren ikke kun lege med hunden i form af distraktion, men han bør deltage aktivt. Det betyder, at de skal boltre sig sammen, nogle gange endda i øjenhøjde. At trække i en pind sammen kan have en lindrende effekt på begge parter, og hvis I to løber over en eng, styrker det båndet til hunden. Af og til bør afspilningsadfærden derfor kopieres.

Hvis hunden er lille nok, kan den også løftes op fra jorden. Det styrker tilliden, fordi hunden ikke skal føle frygt. Grænserne fra begge sider skal stadig respekteres. Nogle hunde kan ikke lide ikke at have deres poter på jorden, og det er ikke alle ejere, der kan lide, når hunden bliver særlig højrøstet. I dette tilfælde bør det afslutte spillet, hvis du krydser en grænse.

Hunden skal også hele tiden være opmærksom på, at mennesket er større og stærkere. Dette kan uddybes ved kortvarigt at læne sig over hunden, når den f.eks. ligger på gulvet. Den kan stryges kortvarigt. Maven er bedst til dette, da hunde kun viser mave og bryst, når de føler sig trygge. På denne måde kan der etableres en positiv dominans, og samtidig er det en bekræftelsesgestus.

Der er forskellige, ganske små metoder, der kan bruges til at få hunden til at indse, at den skal vise respekt for mennesker. I de fleste tilfælde kan succes opnås meget hurtigt. De viser sig først og fremmest gennem små gestus. Disse gestus kaldes "appeasement gestus". De fleste hunde viser dette ved at slikke den hånd, der stryger den, og frem for alt ved at undgå øjenkontakt, når mennesket læner sig over hunden.

Manglende respekt over for andre hunde

Ofte er det egentlige problem dog ikke, at hunden ikke viser den rette respekt for mennesker, men at andre hundes grænser overskrides, f.eks. på den daglige gåtur. Af og til kan han også opføre sig aggressivt.

Hvalpe opfører sig aldrig dårligt over for andre hunde. Hvis det sker senere i livet, er det fordi der er noget galt, eller fordi der er sket noget. I de mest almindelige tilfælde er det, at hunden krydser andre menneskers grænser, fordi den er stresset og ikke er klar over, at den anden hund måske ikke ønsker at lege. Mange mennesker tror, at der ikke sker så meget i en hunds liv: De fleste af dem ligger behageligt et sted i lejligheden. Hunde kopierer imidlertid menneskers adfærd, og derfor kan ejerens temperament også have en indvirkning på hunden. De mindste ændringer kan forårsage store reaktioner. Samtidig kan mangel på motion eller søvnforstyrrelser forårsage stress hos hunden. Det er en simpel ubalance, der får hunden til at gå over gevind og måske endda opføre sig aggressivt. Desuden kan der opstå overbelastning af stimulanser på gåture, og derfor ignoreres grænser, kommandoer og kald simpelthen.

Dårlige oplevelser skaber beskyttelsesmure, og ikke kun hos mennesker. Negative situationer fra fortiden kan også efterlade spor i hunden. Interaktion med andre hunde kan være skræmmende og ende i aggression. Dette er en simpel beskyttelsesadfærd. I disse tilfælde er det vigtigt, at ejeren forbliver rolig og ikke selv går i panik, når hunden ikke er under kontrol. Dette ville yderligere forvirre den bedste veninde. Som hundeejer er det vigtigt, at du altid viser din egen kontrollerede dominans, som forklaret i sidste afsnit.

Ubevidste overskridelser er ikke at forveksle med bevidste overskridelser af grænser. Nogle hunde har en manglende social adfærd, hvis de er opvokset alene og sjældent har kunnet skabe sociale kontakter i omgivelserne. Dette kan blive tydeligt, når man går tur på tomme steder, eller når hunden kun får motion i sin egen have. Hvis stedet derefter ændres, f.eks. til en hundepark, opstår der endnu en overbelastning af stimulus. Hunden er simpelthen overvældet, fordi den nu møder mange fremmede hunde. Det samme kan ske med mennesker, hvis de er alene det meste af tiden og så besøger en stor begivenhed i byens centrum. Hunde er ikke så forskellige fra mennesker med hensyn til adfærd og reaktioner.

Hovedårsagen er i de fleste tilfælde, at hunden ønsker at vise kontrol over for en anden hund. Dette kan ofte give bagslag, da hunde sjældent opfører sig underdanigt over for hinanden. I hverdagen er der meget, som en hund skal kontrollere: Ting, som mennesker som dominerende personer aldrig kan kontrollere. Det drejer sig bl.a. om territorium, konkurrenter og ressourcer. Dette omfatter legetøj, mad og også hundens egen ejer, som hunden forsøger at forsvare.

For at arbejde med manglende respekt over for andre hunde er det nødvendigt med andre hunde. Dette kan ikke gøres alene. En ukontrolleret hund kan trænes i et kontrolleret område med erfarne hunde, måske lidt ældre, som lytter til deres ejers ord. Mens alle de andre hunde er spændt fast, skal han blive i snor og sidde tæt på ejeren. Nu kan de andre hunde lege eller sidde tæt på. Den egen hund vil gø, måske knurre eller trække i selen. Det bør han have lov til at gøre. Denne øvelse fungerer bedst, når ejeren ikke viser nogen reaktion, når han trygt holder sin hund. Til sidst vil hunden udmatte sig selv og blive roligere af sig selv. Det får ham til at forstå, at andre hunde ikke er en fare. På denne måde kan frygten overvindes, og hunden forbedrer sin sociale adfærd.

Gøen, stædighed, indisciplinering og aggressiv adfærd

En forbedring af den sociale adfærd er dog ikke altid tilstrækkelig. På trods af tilvænning kan der stadig forekomme aggressiv adfærd. Normalt kan et aggressivt udbrud erkendes få øjeblikke før. Dette sker, når der opstår en pludselig stivhed, når ørerne står op eller er strakt tilbage, når øjenkontakten er uafbrudt på en anden hund, når rygpelsen er rejst, når det samme sker med halen, og når hunden åbner munden og viser tænderne.

Hvis denne adfærd kan observeres hurtigt nok, er det muligt at gribe ind. Det er bedst, hvis den anden hundeejer bliver gjort opmærksom på situationen. Da hunden er i en stiv tilstand, hjælper det ofte ikke at trække den væk eller endda at forsøge at trække den væk. Hunden skal dog fjernes fra situationen, og det gøres bedst, når den anden hund fjerner sig. Nogle gange kan det være nok at bryde øjenkontakten. For at gøre dette kan ejeren stå foran sin hund og skabe øjenkontakt på egen hånd. Tiden kan også bruges til at sætte snoren på, hvis hunden skulle løbe løs og gå i stivhed. Legetøj kan også være med til at fjerne opmærksomheden fra den fremmede hund. Det er vigtigt, at ejeren ikke bliver nervøs. Hunden vil kigge op på dig af og til for at sikre sig, at du ikke er i fare. Hunden må ikke have nogen grund til at reagere eller vise frygt. Hunden kan dæmpes ved at stå kontrolleret op. Du bør vente, indtil den fremmede hund er ude af syne, og hunden er faldet til ro. Hvis den bliver spændt for tidligt igen, kan den løbe efter den anden hund. Efter en sådan situation er det vigtigt at lege og boltre sig meget. Ikke kun for at tankerne kommer tilbage til ejeren, men også for at hunden kan udtømme sig selv. En udmattet hund lever i nuet og viser færre reaktioner.

Hunde, der ofte reagerer aggressivt, kan også trænes med en mundkurv. Hvis den rigtige mundkurv er valgt, sidder den ikke ubehageligt og hindrer ikke hunden - kun at der ikke kan opstå skader.

Selv med en mundkurv kan der stadig forekomme højlydt gøen. Det behøver ikke kun at ske på en gåtur, men kan også ske i dit eget hjem, når han hører lyde som f.eks. dørklokken. Du kan bruge nogle få tricks til at bryde vanen med uønsket gøen. Man bør dog ikke glemme, at det er normalt at gø. Det tjener som kommunikation mellem hunde og behøver ikke altid at være aggressiv adfærd. Nogle hunde er endda blevet opdrættet til at gø særligt højt. Det ligger i deres gener, uanset om de er avlet eller ej. Det er normalt, hvis den gøer fra tid til anden. Hyppig gøen kan imidlertid være forstyrrende og føre til problemadfærd.

Der er normalt en grund til højlydt gøen. Det kan være et krav om opmærksomhed, ensomhed, simpel kedsomhed, fordi hunden ikke har travlt nok, spænding, nervøsitet, frygt og usikkerhed eller smerte. Desuden er der ofte tale om ubevidst træning. Ikke sjældent skyldes det ejeren. Så hunden giver ikke altid det samme gøen, den kan vise syv forskellige følelser: Utålmodighed, tristhed, fortvivlelse, glæde, kedsomhed, vrede og forargelse.

I de fleste tilfælde kan højlydt gøen langsomt afværges ved blot at ignorere hunden. Hvis en hund begynder at gø, bliver den normalt efterfulgt af en højlydt opfordring til at stoppe. Men det forstærker kun problemet. I den forbindelse er det vigtigt, at hundene ikke belønnes, når de er faldet til ro. Det vil kun vise dem, at de skal fortsætte med at gø i fremtiden.

Årsagen skal findes. Gøer hunden, når ejeren lader den være alene, og huset forlades? I dette tilfælde opstår der separationsangst, som kan afhjælpes med lidt træning. Gøer han i lejligheden, mens ejeren sidder ved siden af ham? Måske hørte han en lyd udenfor. I dette tilfælde skal man sørge for at distrahere hunden. Dette kan gøres med hans yndlingslegetøj.

Hvis du ved, hvordan du skal håndtere kommandoer, kan du også bruge en ordre om at stoppe og afstå. Dette kan trænes som enhver anden kommando. Hvis hunden holder op med at gø på kommandoen, får den en belønning. Dette kan trænes meget godt med en klikker.

Men i sidste ende kan hunde være lige så stædige og udisciplinerede som mennesker. Hunde er meget nemmere at træne, men man skal forstå, at det ikke altid er ensbetydende med stædighed og indisciplinering, hvis man ikke følger en instruktion. I stedet er der en grund til det. Oftest skyldes stædigheden, at mennesket tror, at kommandoen er internaliseret, men at hunden ikke rigtig har internaliseret den endnu. Dette er et simpelt kommunikationsproblem. Og selv hvis kommandoen virkelig er blevet internaliseret, kan hunden måske ikke se nogen fordel i lydighed. Det er ikke noget værd for ham, eller ulydighed er endnu mere værd.

Man må ikke glemme, at hunde er væsener, der følger deres egne instinkter. De har kun en begrænset såkaldt "frustrationstolerance". Det svarer til et barns tolerance: Hvis en lektion simpelthen varer for længe, eller hvis øvelsen er for svær, bliver barnet frustreret. Dette viser sig i form af udisciplin eller stædighed. Her er det vigtigt at være tålmodig, og det er nødvendigt med konstant gentagelse. Adfærd bør heller ikke ændres, da hunde er vanedyr i lighed med mennesker.

Nogle gange er det nødvendigt at øge incitamentet. Mange hunderacer er udtrykkeligt opdrættet til at være uafhængige og har svært ved at underkaste sig. For en jagthund som Nederlandse Kooikerhondje er incitamentet til at opsamle en duft meget stærkere end blot at gå ved siden af jægeren. I det private liv kan en hund ofte motiveres med godbidder. I disse øjeblikke betaler lydighed sig, og de bevæger sig væk fra stædighed eller indisciplinering af sig selv.

Hvis en hund ofte bliver stædig, kan det skyldes, at hunden ikke får nok motion. Dette kan føre til forskellige uønskede adfærdsmønstre. Hvis en hund ikke har fået nok motion, vil den bide i sko eller tæpper. Nogle hunde begynder af og til at gnaske på deres egne poter. Der er klynkende lyde og en generel rastløshed. For at vide, hvor meget motion en hund har brug for, bør ejeren undersøge hunderacen. Nederlandse Kooikerhondje har en middel til øget trang til motion. Han bliver hurtigt udmattet, men kommer sig lige så hurtigt igen og kan fortsætte lige efter. Selv om han er en af de små spanieler, har han en masse udholdenhed, som han skal af med, før han kan blive rolig.

Træning i kasse – oplæring af hvalpen

Den sidste ting, der skal diskuteres her, er opdragelse. Det er ikke kun ekstremt irriterende, hvis hunden ikke har sin blære under kontrol, men det betyder også en masse besvær og unødvendige lugte.

Da hunde er vanedyr, skal der skabes en rutine, som ikke kun hundens tanker følger, men også dens indre ur. Det er derfor vigtigt at have en morgenrutine. Dette kan ikke kun gælde for hvalpe, men også for ældre hunde. Når hunden har spist sin mad, skal den f.eks. tages udenfor.

En hunds tarm er ikke lige så lang som et menneskes tarm. Den generelle trang kommer derfor hurtigere hos en hund. For at undgå at overvælde ham, når han bliver sat uden for døren på en gang, bør han tildeles et bestemt område, så det er en opgave at åbne hoveddøren. De første par gange kan denne rutine tage et par minutter, da hvalpe ikke kan gøre deres forretninger på kommando. Det lærer de først senere i livet. Så når hunden tålmodigt har ventet, har gjort sit arbejde og kommer tilbage i lejligheden eller huset, skal den belønnes med masser af ros og helst også med godbidder. På denne måde lærer han, at han har gjort noget godt.

For at staldtræningen kan fungere, og det vil tage et par uger, skal hunden have regelmæssige muligheder for at gøre sine behov. Hver anden time er meget godt for en hvalp. Når først kasseundervisningen er på plads, lægger hundene enten mærke til det eller behøver kun at gøre deres behov tre gange om dagen, da de nu kan kontrollere deres afføring.

Som med al anden træning skal ejeren være konsekvent. Træning vil tage tid, unge hunde har nogle gange kun brug for et par uger, men ældre hunde har nogle gange brug for et helt år, og der vil ske uheld bagefter. Det kan ske, men selv i så fald bør rutinen ikke afvises.

Hunde viser i øvrigt tegn på, at de har brug for at gå udenfor, minutter før de får lyst til at gå ud. Det kan man genkende, når hunden drejer rundt i cirkler, ser sig usikkert omkring, eller når den allerede leder efter passende hjørner. Nogle gange kan unge hunde blive ført udenfor på grund af disse tegn, og så sker der ikke noget. Det skyldes, at de er overvældet af naturen og let lader sig distrahere. Her kan tålmodighed være en stor hjælp.

Den egentlige kasseuddannelse henviser udtrykkeligt til kassen: til hvalpens løbegård. Denne træning er meget vigtig for natten. Hvalpene bliver i starten i løbegården sammen med tæven, og fordi hvalpene stadig er meget unge, kan de ikke kontrollere deres blære, hvilket er grunden til, at de ender med at svine deres soveplads til. Dette er særligt ubehageligt for tæven. Derfor bruges en separat kasse, som er foret med kattegrus. Hvis der er tegn på, at den lille hvalp skal gøre sine behov eller tisse, kan den forsigtigt løftes ind i kassen. På denne måde forstår de små meget hurtigt, at de ikke bare kan lade dem løbe, men at der er en bestemt plads.

UDDANNELSESUDSTYR

Der er meget at overveje, når det gælder udstyr, for det er ikke kun jægeren eller ejeren, der bærer sit udstyr med sig, men også hunden bærer sit eget specielle udstyr, som kan redde dens eget liv i tvivlstilfælde. Sådant udstyr kan i hverdagen og på jagt være meget dyrt. Her må man ikke glemme, at en hunds udstyr helst skal holde i flere år, og derfor bør man ikke give afkald på en vis kvalitet. Udstyret skal kunne overleve en hunds ret lange levetid, som normalt er mellem 10 og 15 år.

Da en potentiel hundeejer allerede bør have en del udstyr, inden han anskaffer sig en hund, vil det generelle udstyr og det specifikke jagtudstyr blive behandlet i ét underkapitel.

Generelt træningsudstyr

Almindeligt udstyr er langt fra lige så dyrt som jagtudstyr, men almindeligt træningsudstyr kan også være ret dyrt. Det drejer sig om nogle uundværlige ting, som ikke bør mangle, og hvor der bør lægges vægt på høj kvalitet. Selve grunduddannelsen kan dog gennemføres næsten gratis.

At anskaffe sig en hund er en bekostelig affære, især hvis hunden senere skal bruges til jagt eller livredning. Her afhænger det af den fremtidige ejers præferencer, men potentielt kan man sige, at en sikker, god og højkvalitets avl spiller i det firecifrede område. Det kræver et sikkert hjem, en komfortabel bolig. Det betyder, at der skal købes mad- og drikkeskåle, hundesenge og snore henholdsvis en passende sele, der passer godt til hunden og ikke hindrer den i sit arbejde, den skal have et halsbånd og legetøj, så hunden kan beskæftige sig selvstændigt, da det betyder, at der er mindre sandsynlighed for, at der tygges på genstande i huset. En udmattet hund, både fysisk og mentalt, er meget roligere og lytter bedre til kommandoer og instruktioner. Der er mange forskellige former for legetøj, som skal udskiftes regelmæssigt. Der kan stadig bruges enkle pinde under den daglige gåtur.

Samtidig skal der tages højde for udgifter til forsikring, dyrlægebesøg og kirurgiske indgreb som sterilisation og kastration. Indsættelse af chips kan også medføre omkostninger, hvilket er et grundlæggende krav til en jagthunds egnethedsprøve. Der er tale om krav, som kun medfører en engangsbetaling.

Derimod er der kun få omkostninger forbundet med selve uddannelsen. Enkle kommandoer kan udføres med belønninger, der ikke koster meget og ikke behøver at være af høj kvalitet, især da det er gratis at klappe dem. Selv klikkertræning kan udføres med en simpel plastikklikker, og en hundefløjte kan holde i årevis med en lille indsats.

I almindelig lydighedstræning arbejdes der uden udstyr, fordi målet er at styrke dynamikken mellem ejer og hund. Her er der tale om enkle ord, især fordi tips og tricks kan findes gratis på internettet, og selv hundetrænere og hundeprofessionelle stiller deres tips gratis til rådighed for den brede offentlighed. Ikke desto mindre er det værd at konsultere en hundetræner fra tid til anden og bestille et par betalte lektioner hos ham, især hvis den kommende hundeejer endnu ikke selv har opdraget en hund - især fordi nogle hunde kommer til deres nye hjem med traumatiske oplevelser.

Kun i forbindelse med sporingstræning, som ikke nødvendigvis skal være med henblik på jagt, bør der anvendes udstyr af høj kvalitet. Den første begyndelse er lavet med enkle belønninger, og selv råt kød behøver ikke altid at være dyrt. Det er først i den senere uddannelse, at dette ændrer sig. Dummies er dyre fra starten, og jo mere virkelighedstro de skal være for at fremme træningen, jo dyrere bliver de. Det er værd at investere i de nævnte dummies, så hunden kan lære nye teksturer at kende, som ikke udelukkende er af plastik.

På den anden side arbejder nogle jægere med svedspray til sporing, som kan købes i flasker, og særlige træningshalsbånd. Nogle af disse halsbånd afgiver en ubehagelig lugt eller lette elektriske stød i tilfælde af ulydighed.

Prisklasserne for alle produkterne, som der er mange mærker og størrelser af, ligger i forskellige højder, og derfor er det vigtigt, at du stoler på din egen mavefornemmelse. Det er ejeren, der bestemmer, hvordan hunden skal trænes. Man kan satse på nymodens hjælpemidler, eller man kan arbejde med gennemprøvede og gennemtestede metoder. Det er f.eks. ikke alle, der føler sig trygge ved at sætte et halsbånd på deres kæledyr, som retter hver eneste lille fejl. Hvis du er usikker, kan du ikke kun spørge om råd på internettet, men også forskellige butikker tilbyder hjælp til nybegyndere. Du kan også tale med kolleger, der allerede har trænet en hund med succes.

Specifikt jagtudstyr

Hundens egentlige jagtudstyr er uundværligt, men ligesom alle, der deltager i en jagt, er enige om dette, er der delte meninger om produkterne, hvad de er lavet af og mærkerne. De forskellige muligheder for basisudstyr vil blive diskuteret her.

En jagt starter aldrig hvor som helst i skoven, men der aftales altid et mødested. Det er et sted, som alle jægere kan vende tilbage til, f.eks. for at bytte deres hunde, der er kommet ind i en andens bil, eller for at bringe de vildtlevende dyr, der er blevet skudt, tilbage. Under officielle jagter skal hunden være i snor. Jagthjælperen må først løsnes og dermed frigøres fra snoren, når den egentlige jagt begynder, hvilket normalt signaleres ved at blæse i hornet. Grunden til dette er, at de fleste hunde er klar over, hvad der vil ske, når de bliver bragt til mødestedet af deres e-jere. Dette resulterer i en stor spænding, som meget hurtigt kan springe fra den ene hund til den anden. Selv blandt mennesker sker der uheld og skader, når der er stor spænding. Hvis hundene trækker i selen eller snoren, skal de derfor forblive løsnet af hensyn til sikkerheden for alle tilstedeværende - mennesker og hunde.

Når det drejer sig om snor og seler, er det et spørgsmål om personlige præferencer og ejerens personlige mening. Det er almindelig kendt, at lædersnore ikke er nemme at vedligeholde og kræver en større indsats end plastikprodukter. Desuden skal der træffes en beslutning mellem et svedbånd og en snor. Her afhænger det af, hvad hunden præcist er blevet oplært, og til hvilket jagtområde den bruges.

Men selv hvis jagtkammeraten ikke er blevet trænet til at være en jagthund, der forbliver i snor under jagten, eller hvis jægeren ikke selv er fører, bør det alligevel overvejes at købe flere snore og seler. Sidst men ikke mindst bør der være seler i udvalget, som er farvestrålende og iøjnefaldende. Under en kedeljagt kan mange hunde med samme udseende blive blandet sammen, eller under særligt lange drivjagter kan nogle jagthunde på grund af deres spænding ikke selv finde tilbage til deres ejere. Det er derfor vigtigt, at halsbåndet, selen og selve snoren har et navn, helst hundens navn og jægerens navn.

Selve farven er op til ejeren, men der bør lægges vægt på farver, der let kan genkendes i en ret mørk skov. Det er ikke ualmindeligt, at en snor blot slippes løs, så hunden trækker den efter sig. Det kan nogle gange være umuligt at finde en mørk snor i skovbunden i det sene efterår.

Af samme grund har du brug for en beskyttende vest i iøjnefaldende farver. Der er mange valgmuligheder inden for beskyttelsesveste. Det er vigtigt at kende hundens størrelse eller de nøjagtige mål, så vesten sidder så behageligt som muligt. På denne måde er der ingen irritationer, der kan distrahere hunden under jagten. Når den rigtige størrelse er fundet, skal selve beskyttelsesvesten vælges. Der kan skelnes mellem simple advarselsvesten, som nogle gange også kaldes advarselskraver, og sikkerhedsvesten. Veste med høj synlighed er veste eller halsbånd, der er særligt iøjnefaldende og reflekterer i lyset, men som ikke giver hunden nogen beskyttelse. Hvis du er bekymret for din hunds sikkerhed, kan du købe en sikkerhedsvest af kevlar. Det er det samme materiale, der bruges som polstring i jagtbukser, og det beskytter ikke kun mod bidende vilde dyr, men også mod vildsvin, der forsvarer sig med deres horn. Det kan også ske, hvis et vildt dyr har bidt i hunden, at jægeren skal komme tæt på det med et såkaldt vildsvinevåben. Disse vildsvine-våben har normalt en bajonet på løbet, en klinge, der kan forårsage al-vorlige kvæstelser. Kevlar beskytter mod snit eller punkteringer.

Der er ikke meget til det grundlæggende udstyr, som en hund selv bærer. Den skal kunne bevæge sig frit og uden at blive irriteret eller sidde fast i undervegetationen. Jægeren har i stedet mere udstyr at bære. En hundefløjte er f.eks. en uundværlig ting, hvis man ikke kan fløjte højt af egen kraft. Det er vigtigt at sikre sig, at der bruges den samme fløjte som ved træningen af hunden. Det skyldes, at hver enkelt hundefløjte spiller på en frekvens, der er klart hørbar for hunde, og som varierer fra hunde-fløjte til hundefløjte. Det kan derfor være en stor fordel at lære at fløjte med fingrene.

Ligesom en hund skal bære en vest, skal jægeren også bære en såkaldt hundeførervest. Det gør det lettere for kollegerne at finde ejeren af en bortkommen hund, når de samles på samlingsstedet efter en vel-lykket jagt. Hvis du går på jagt alene eller har en hund med dig, som har svært ved at slippe løbevildtet, selv efter mange kilometer, er en mo-derne GPS-tracker en god idé. Fra tid til anden kan det ske, at en hunds vildtskarphed er så stærk, at det næsten er umuligt for hunden at slippe et vildt, der er sluppet væk og flygtet fra et skud. Det er ikke ualmindeligt, at hunden kan gå mange kilometer bagud, så selv en hund ikke kan høre alle kald og fløjt.

Hvis en hund har for meget af denne vildtskarphed, kan der anven-des nye typer anti-bjælkehalsbånd, som kan bruges til jagt på hævet skind, til stalking eller til drivjagt. Her skal det dog siges, at gammeldags jægere afstår fra disse metoder.

Emnet førstehjælp er et særligt vigtigt afsnit. Det er vigtigt for en jæger at kende en hunds anatomi. Dette er forskelligt fra menneskets anatomi, og derfor kan det være vanskeligt at behandle skader hos en hund. Det kræver ofte utraditionelle metoder. En jæger bør derfor ikke kun medbringe konventionelt forbindingsmateriale, som kan bruges til at behandle skader på benene, men til maveområdet, hvor der kan opstå større skader, bør der altid medbringes klæbefolie. Dette er en meget hurtig og lufttæt måde at stoppe en blødende skade på. Skader opstår ret hyppigt under drivne og drevne jagter, og det er ikke kun ejeren, men også andre jægere, der skal tage sig af dem, før hunden kan bringes til en dyrlæge. Enhver jæger bør også vide, hvordan skader på hunde kan se ud. Det skyldes, at en jæger ofte hurtigere opdager, at en hund er skadet, end den faktiske hund gør. Adrenalinudskillelsen hos en hund er større end hos et menneske, og alligevel kan mennesker i ekstremt adrenalinrige situationer ikke opdage, at de er kommet til skade. Dette er maksimeret hos en hund. En jæger bør derfor være veluddannet ikke blot i anatomi, men også i videnskaben om skader. Dette indebærer, at ejeren til enhver tid skal vide, hvor den nærmeste dyrlæge befinder sig.

Enhver jæger bør også vide, at en hund skal drikke mere, når den er på jagt. En vandskål og en fyldt vandflaske bør altid medbringes, også selv om der er et vandområde i nærheden, da hunde kan blive meget syge af fremmed vand.

Hver jæger har sine egne præferencer, nogle foretrækker økologiske stoffer, andre foretrækker biologisk genbrugslæder. Der kan også være forskellige erfaringer og meninger om, hvorvidt de pågældende produkter generelt er hundevenlige. Nogle håndteringsmedarbejdere kan føle sig overvældet eller ude af deres dybde. Der bliver gjort nye indtryk, og det er ikke ualmindeligt, at kolleger forsøger at overtale folk til at købe produkter på en meget entusiastisk måde. Det skal derfor siges her, at det er et spørgsmål om ens egne præferencer, som man skal finde ud af ved at prøve sig frem. Det er ikke kun jægeren, der skal føle sig godt tilpas med sit udstyr, men også hunden skal føle sig godt tilpas. Det er ikke alle hunde, der kan lide at bære en sikkerhedsvest eller en veste med høj synlighed, så nogle hunde kan kun bære iøjnefaldende halsbånd.

At finde dine egne præferencer kræver research. Det kan betale sig at tale med kolleger eller andre jægere på indsamlingsstedet og lytte til deres erfaringer. Anbefalinger kan føre til køb, som kan vise sig at være en fejltagelse. Men det er vigtigt, for ellers er det ikke muligt at danne sig sin egen mening.

En jæger er derfor overladt til sig selv, selv om det er muligt at finde ikke kun de nødvendige produkter i butikkerne eller på internettet, som er præcist skræddersyet til personlige behov, men man kan også søge professionel hjælp.

UØNSKET ADFÆRD

Det er dog ikke altid din adfærd, der skal forbedres. De største problemer i forbindelse med hundeejerskab opstår, når hunden udviser en uønsket adfærd, og du som ejer ikke er i stand til at bryde den. Også her er der nogle få særligt almindelige problemer, som forklares nedenfor, natur-ligvis med mulige løsninger. Især når du adopterer en hund, der allerede er voksen, er der en risiko for, at den allerede har internaliseret visse ne-gative adfærdsmønstre. Hunde fra dyrevelfærd kan have en traumatisk historie, hvilket kan føre til adfærdsproblemer. Heldigvis behøver du ikke at finde dig i dette, for som du allerede ved, er voksne hunde også i stand til og villige til at lære.

Muligheden for, at en voksen hund allerede har internaliseret ne-gativ adfærd eller har haft traumatiske oplevelser, bør ikke afskrække dig fra at overveje at tage en hund ind. På den ene side kan de fleste adfærds-mønstre imødegås effektivt, og på den anden side er der også nogle for-dele, hvis din hund allerede er voksen. Hvalpe kan være meget krævende og har brug for en enorm mængde opmærksomhed og pleje i de første par måneder af deres liv. For arbejdende mennesker kan det være meget stressende. Selv hunde, der blev optaget som hvalpe, kan udvikle en problematisk adfærd, hvis der er begået fejl i deres opdragelse. Desuden er en voksen hunds karakter allerede blevet fastlagt, så du kan meget be-dre vurdere, hvem der flytter ind hos dig. Det er meget vanskeligere at vurdere det med en hvalp. Hvis det er muligt, skal du lære en voksen hund at kende, inden du tager den ind og finder ud af dens historie. Desværre er det ikke altid muligt, især ikke med hunde fra udlandet. I dette tilfælde skal du benytte lejligheden til at få oplysninger om hunden pr. telefon og turde stille alle de spørgsmål, du har på hjerte.

Aggression i snor

Udtrykket lænkeagression henviser til aggressiv adfærd fra en hund i snor over for artsfæller eller mennesker. I modsætning hertil er hunde, der udviser lænkeaggressivitet, i mange tilfælde fredelige, når de er u-dendørs, dvs. ikke i snor. Denne tydelige adfærdsændring er derfor direkte forbundet med, at hunden er i snor. Aggression i snor er et meget almindeligt fænomen, som ofte skyldes de samme årsager og ejeres misforståelser. Hvis du nu finder ud af, hvorfor denne adfærd forekommer, kan du handle forebyggende.

Hvalpe udviser næsten aldrig aggressiv adfærd, selv når de er i snor. Under gåturen har de alt for travlt med alle de nye indtryk. Aggression i snor udvikler sig i mange tilfælde i puberteten. Den unge hund begynder at afprøve sine grænser og udvikler sin egen vilje. Den pubertære hunds vilje på en gåtur er bl.a. at skabe kontakt med sine medhunde. Dette er ofte i modstrid med ejerens interesse, som nu langsomt finder det nødvendigt at lære sin hund at gå ordentligt i snor. Han ønsker derfor ikke, at hunden skal trække i snoren, når den søger kontakt med artsfæller. På den anden side trækker hunden naturligvis i snoren i et forsøg på at komme hen til den anden hund. Tidligere indlærte kommandoer som f.eks. "hæl" ignoreres ofte. Resultatet er, at både ejeren og hunden er frustrerede i denne situation. Hos hunden kan denne frustration vise sig i form af aggressiv adfærd. Hvis ejeren nu observerer, at hans hund udviser aggressiv adfærd i snor, vil han i endnu højere grad undgå at lade den komme i kontakt med andre hunde, hvilket kun øger hundens frustration, og der opstår en ond cirkel. Med tiden sikrer denne onde cirkel, at hunden forbinder synet af en artsfælle med den frustration, den føler, mens den er fastholdt. Der sker en konditionering, som får hunden til at opfatte andre hunde som en negativ stimulus, mens den er i snor.

Synet af andre hunde udløser stresshormoner, og hunden bliver aggressiv. I modsætning hertil forbliver hunden afslappet, når den ikke er i snor, fordi en sådan konditionering ikke har fundet sted i dette tilfælde.

En anden årsag til lænkeaggression, som også kan forekomme i kombination med den første, er den begrænsede mulighed for kommunikation i lænke. Hunde kommunikerer ved hjælp af hele deres krop. Så når de holdes i kort snor, kan de ikke kommunikere ordentligt. Derfor er misforståelser og fejlkommunikation uundgåelige. Dette forværres ofte af ejernes adfærd. En fredelig hund ville f.eks. ikke nærme sig en anden hund direkte. I stedet ville den have tendens til at nærme sig i en bue, dvs. fra siden. Ejerne fører dog hundene direkte mod hinanden og i kort snor. Andre beroligende signaler bliver også umulige, f.eks. at vende hovedet væk, sætte sig ned eller endda lægge sig ned. I stedet kan den frontale henvendelse uden beroligende signaler forstås som en truende gestus. Med denne viden er en aggressiv reaktion kun logisk og forståelig, fordi hunden føler sig truet.

Desuden kan der opstå problemer, hvis din hund tidligere har været gadehund og ikke har erfaring med at gå i snor. Gadehunde kan opfatte den begrænsning af bevægelsesfriheden, der skyldes snoren, som en stressfaktor ud over andre faktorer som f.eks. den begrænsede mulighed for at kommunikere. Øv dig derfor i at gå i snor på steder, der er så stressfrie som muligt, og føl dig langsomt fremad sammen med din hund.

Så hvad kan du gøre? Sørg under alle omstændigheder for, at selen eller halsbåndet sidder godt. Smerte eller ubehag øger stress og er derfor det første skridt i retning af aggressivitet i snor. Få rådgivning fra en specialforretning, og få selen eller halsbåndet tilpasset nøjagtigt til din hund. Du må ikke undervurdere, hvor vigtig din indre holdning er for hundetræning. Synet af en fremmed hund bør ikke give dig stress, fordi ejerens følelser hurtigt overføres til hunden. Sørg for, at du altid er selvsikker og optimistisk, når du interagerer med fremmede hunde, for det vil også give din hund en følelse af tryghed. Mødet med artsfæller bør udløse en positiv association hos din hund. Derudover er det vigtigt, at du altid holder øje med, at din hund har nok plads til at kunne udtrykke sine kropssproglige signaler.

Uønsket jagtadfærd

Emnet uønsket jagtadfærd er særlig relevant, når der er tale om jagthunde som Flat Coated Retriever eller Kooikerhondje, fordi disse hunde har et særligt udtalt jagtinstinkt. Naturlig jagtadfærd har naturligvis ikke nødvendigvis en negativ indflydelse på sameksistensen mellem hund og menneske. For at holde din hund beskæftiget kan du f.eks. udføre klassisk retrievertræning. Ved sådanne træningsmetoder kan din hund frit udleve sit jagtinstinkt og bliver også mentalt og fysisk støttet og udnyttet.

Det bliver problematisk, når hunden ikke længere lytter til tilbage-kaldelseskommandoer, når dens jagtinstinkt er aktiveret. Det sker ofte, at så snart en hund ser noget, der aktiverer dens jagtinstinkt, glemmer den alle kommandoer og god træning og jagter efter det. Nogle hunde forsøger endda at jagte busser. Selv en afslappet gåtur i skoven kan blive en reel stressfaktor for hundeejeren, hvis hunden forsøger at jage alle de vilde dyr, den kan lugte i skoven. En sådan ukontrolleret jagtadfærd er ikke kun meget stressende og nervepirrende for ejeren. Hunden kan også bringe sig selv i reel fare, da den ikke længere er opmærksom på mulige farer og f.eks. kan løbe ud foran en bil i bevægelse. For ikke at nævne de mulige problemer, du kan få med ejeren af naboens kat, som du jager, eller med en skovfoged i skoven, hvis din hund ikke har sit jagtinstinkt under kontrol. Så hvis du har en fornemmelse af, at din hund mister sin lydhørhed, så snart jagtinstinktet aktiveres, eller hvis din hund endda løber væk regelmæssigt, er der helt sikkert behov for handling fra din side.

Som det ofte er tilfældet, er det naturligvis bedst at forebygge, at din hund udvikler uønsket adfærd fra starten af. Træn jævnligt din hunds tilbagekaldelse, så farlige situationer, hvor hunden bliver selvstændig og ikke længere reagerer på dine kald, slet ikke opstår. Din hund bør ikke først lytte til dig, når du har kaldt på den flere gange, for så vil den ikke adlyde, hvis dens jagtinstinkt bliver kontaktet. Hvis din hund fra naturens side har tendens til at have sin egen vilje og selv bestemme, om og hvornår den vil reagere på en kommando fra dig, skal du arbejde særligt hårdt for at få den til at lytte bedre til dig. Det kan du f.eks. gøre ved at gøre det klart for hunden, at det er dig, der bestemmer, hvor længe et spil varer. Afbryd nogle gange et spil, selv om din firbenede ven ønsker at fortsætte spillet. Efter et par minutter kan du fortsætte spillet, hvis du vil. Det er bare et spørgsmål om at vise, at man kan afbryde et spil. Du kan også lave øvelser som denne med din hund på dine daglige gåture. Hvis din hund har faste strækninger på den daglige gåtur, hvor den må gå i snor, skal du også tage den i snor af og til på disse strækninger. Det hjælper også at lade hunden stoppe op på visse steder fra tid til anden og først fortsætte gåturen efter dit signal. Sådanne træningsmetoder kan forhindre, at der opstår problemer på grund af hundens jagtinstinkt. For jagthunde er bevægelige genstande grundlæggende af stor interesse og kan muligvis udløse en jagtrefleks. Derfor skal jagthunde lære at kontrollere deres impulser og håndtere bevægende stimuli på passende vis. Uanset hvor fristende en bevægende stimulus kan være for hunden, skal den altid kunne kaldes tilbage af hensyn til dens egen sikkerhed.

Territorial adfærd

Dette afsnit handler om hunde, der udviser såkaldt territorial adfærd. Det betyder, at de føler et behov for at vogte et bestemt territorium og om nødvendigt forsvare det mod ubudne gæster.

I princippet kan territorial adfærd henvise til ethvert sted, hvor hunden befinder sig, eller som den har et forhold til. En hund kan også opføre sig territorialt over for mennesker. Hunden afgrænser således et rum, som den opfatter som sit territorium. Hunde ønsker derfor at beskytte dette territorium og have det under deres kontrol. Oprindeligt havde denne territoriale adfærd en vigtig funktion for at sikre flokkens overlevelse. På samme måde som vi mennesker føler os trygge inden for vores egne fire vægge og ser dem som et sted at trække os tilbage, er det samme tilfældet med hundens territorium. Desuden blev området også brugt som jagtområde og dermed som en potentiel fødekilde. Som allerede nævnt er der, især hos tamme hunde, også skiftende territoriale rum omkring visse individer. Mange hunde forsvarer rummet omkring deres omsorgsperson mod ubudne gæster eller er i det mindste skeptiske, når fremmede nærmer sig deres omsorgsperson. Selvfølgelig er rummet omkring hunden også et sted, hvor ingen bør trænge ind uden at blive spurgt, og det er derfor en form for territorialt rum. Uønsket indtrængen i dette personlige rum kan føre til en forsvarshandling fra hundens side. Det er vigtigt at være opmærksom på, at der findes forskellige typer territorier for at forstå hundes territoriale adfærd. Ofte er aggression mod artsfæller eller fremmede i princippet territorial aggression, som udløses af, at nogen ikke overholder de grænser, som hunden har sat. Som ejer skal og kan du forhindre, at denne beskyttelsesrefleks udløses. Når du møder fremmede hunde og mennesker, skal du altid sørge for at give din hund mulighed for at bevare sit personlige rum. Tving ikke hunde, der endnu ikke kender hinanden, til at mødes på tæt hold. Hvis en fremmed person ønsker at røre ved din hund, skal hunden have mulighed for at undgå at blive rørt. Du ønsker jo heller ikke, at dit personlige rum bliver tilsidesat, så hvorfor skulle det være anderledes med hunden?

Det er lidt mere kompliceret, hvis hunden har defineret et sted, i de fleste tilfælde hjemmet, som sit territorium i stedet for en person. I praksis betyder det, at der før eller siden vil komme en fremmed ind på dette sted, selv om det kun er postbuddet, der vil bringe dig et brev. Du ønsker bestemt ikke, at hunden skal betragte enhver person, der besøger dig i hjemmet eller bringer dig noget, som en angriber og muligvis angribe dem. Selv om det er forståeligt, at du skal lade din hund selv bestemme over sit personlige rum, dvs. om den f.eks. vil lege med en fremmed hund eller ej, er det også vigtigt, at hunden accepterer, at det ikke hører ind under dens ansvarsområde at bevogte dit hjem. En undtagelse er naturligvis, hvis du ønsker at træne hunden specifikt som vagthund.

Følgende gælder for familiehunde. Det er nyttigt at sætte sig i hundens sted. Ud fra hans synspunkt har vi mennesker kun lidt kontrol over vores territorium. Vi tillader jævnligt fremmede at krydse grænserne for vores territorium. Et velkendt eksempel er postbuddet, der gentagne gange overskrider grænserne og aldrig bliver gjort opmærksom på denne formodede forseelse. I stedet går han ustraffet væk for at gøre det igen den næste dag. Denne gentagne overskridelse af grænserne provokerer territoriale hunde igen og igen, hvilket også fører til, at de ofte ikke bryder sig om postbudene. Hunden forstår ikke, hvorfor dens territorium ikke bliver respekteret, og da du tilsyneladende ikke er villig eller i stand til at gøre noget ved det, går hunden ud fra, at den er nødt til at gøre det. Denne misforståelse fører til territorial aggression over for ubudne gæster, fordi ingen andre holder øje med territoriet. Så din opgave er at formidle til hunden, at det ikke er dens opgave at holde øje med territoriet, men at det er dig alene, der gør det. Sådanne misforståelser opstår ofte, når hunden får lov til at "hilse" på fremmede først. Det, der i vores øjne ofte er en munter hilsen fra hunden til besøgende, er fra hundens synspunkt en slags adgangskontrol. Selv om det ser sødt ud, er det, hunden faktisk gør, når den løber hen til en besøgende og snuser til ham, at den beslutter, om den skal lade den besøgende passere grænsen eller ej. Med andre ord giver du hunden besked om, at den er ansvarlig for denne beslutning, hvis den får lov til at hilse på besøgende først. Derfor bør dette privilegium være dit som ansvarlig person. Få din hund til at vente et fast sted i hjemmet, indtil du har hilst på den besøgende og inviteret ham ind. Din hund skal derefter acceptere denne beslutning. Hvis der er et godt tillidsgrundlag mellem dig og din hund, har den ingen grund til at opføre sig aggressivt. Det kan være nyttigt at give hunden en spændende distraktion, så den lettere kan give slip på kontrollen.

Du skal vise, at du er i stand til at tage ansvar i alle situationer. Hvis du er på et nyt sted med din hund, skal du gå demonstrativt, men kortvarigt rundt på stedet. Det viser hunden, at du også her har kontrol over situationen og har sørget for fælles sikkerhed.

Misundelse på mad

Madmisundelse er en form for frygt for tab og behovet for at sikre ressourcer, der er vigtige for hundens overlevelse. En særlig høj risiko, der kan forstærke forekomsten af madmisundelse, er at holde mere end én hund. Hver hund bør altid have sin egen vandskål og sin egen madskål. Hvis flere hunde skal dele en skål, er de tvunget til at konkurrere om den tilgængelige mad. Det er uundgåeligt, at de stærkeste vil få mere end de svageste. Desuden vil ingen af hundene nogensinde kunne spise i fred, hvilket faktisk burde være garanteret. Placer hver skål, som hunden spiser af, på et uforstyrret sted, hvor hunden kan spise sin mad uden stress.

Hunde fra dyrevelfærd er særligt udsat for madmisundelse, da de ofte har været udsat for sult og mangel på mad. Derfor har de et særligt stort behov for at sikre deres føde.

Så hundenes grunde til at ville sikre deres mad er helt forståelige. Ikke desto mindre er det naturligvis ikke i orden, at en hund bliver aggressiv, så snart nogen nærmer sig dens skål eller tyggeknogle. Det er på ingen måde en løsning på problemet at tvinge hunden til at give adgang til sin mad gennem frygt eller underkastelse. I stedet skal hunden altid vide, at dens fødeforsyning er sikker. Han skal vide, at han ikke behøver at frygte at løbe tør for de ressourcer, der er nødvendige for at overleve. Hjælp din firbenede ven til at forstå dette ved at lade ham være alene under fodringen. Andre kæledyr, forstyrrende lyde eller små børn bør ikke forstyrre hunden, mens den spiser. Regelmæssige spisetider kan også hjælpe hunden, især hvis den har en vanskelig historie med aldrig at vide, hvornår den får sit næste måltid. Skålen skal også altid stå på samme sted. Et andet trick, du kan bruge, er følgende: Når du fodrer hunden, skal du først fylde skålen halvt op. Bliv derefter ved med at fylde skålen op igen under fodringen. Dette skaber en positiv association for hunden til, at nogen nærmer sig dens skål. For ham betyder det ikke længere, at nogen ønsker at tage noget fra ham, men at nogen tværtimod giver ham noget.

Kraftige keramiske skåle er smagløse og frigiver ikke giftstoffer, hvis glasuren er fødevaresikker. Rustfrit stål er for let og kan frigive smagsstoffer og endda tungmetaller afhængigt af sammensætningen. Plastik frigiver normalt blødgøringsmidler og er vanskeligt at rengøre.

Vores skåle er ekstra keramiske. ☺

HALSBÅND ELLER BRYSTSELE?

Dette kapitel omhandler det ofte stillede spørgsmål om, hvorvidt du hellere skal bruge en halsbånd eller en brystsele. Begge støtteformer sammenlignes med hinanden ud fra et neutralt synspunkt. Undersøg også dette emne lidt nærmere, før du beslutter dig for det ene eller det andet, for det er meget vigtigt at have en god håndtering af hunden under gåturen. Det er ikke kun relevant for sikkerheden for andre hunde og de andre gående, du møder på vejen, men også for din hunds sikkerhed. Hunde forstår bare ikke de komplicerede regler, der gælder i vores trafik. Derfor er din ledsager meget afhængig af, at han/hun bliver ført sikkert af dig, og det omfatter også at blive ført i snor, især i byer og på travle veje.

Så lad os starte med det klassiske redskab til hundetræning, halsbåndet. Den mest almindelige kritik af halsbånd er, at de kan være meget ubehagelige for hunden at have på. Med en krave af god kvalitet og en passende størrelse kan man dog under alle omstændigheder undgå en sådan ubehagelig fornemmelse af at bære den. Men hvis din hund har en stærk tendens til at trække i snoren, vil selv et perfekt tilpasset halsbånd ikke hjælpe dig. I tilfælde af kronisk trækkende hunde kan det permanente pres på strubehovedet og luftrøret føre til helbredsproblemer. Uanset om du har planer om at bruge et halsbånd eller ej, bør du øve dig intensivt i at gå i snor med din hund, for det er aldrig godt, når hunden trækker i snoren hele tiden, heller ikke for ejeren.

For at vælge en velsiddende krave behøver du faktisk ikke at være særlig opmærksom. Kraven må ikke være for tynd, da den i så fald vil snøre sig sammen og forårsage smerte. En tommelfingerregel er, at halsbåndet skal være mindst lige så bredt som hundens næse. Du skal også kunne føre to fingre ind under kraven, når den er på, for at sikre, at den ikke sidder for stramt. Den må dog heller ikke være for bred, da der ellers er risiko for, at hunden trækker hovedet ud af halsbåndet og frigør sig fra snoren. Når du køber et hundehalsbånd, skal du altid rådføre dig med det specialiserede personale. Det er bedst at tage hunden med dig i butikken og få halsbåndet monteret direkte. Hvis hunden af en eller anden grund ikke kommer med dig, skal du sørge for at oplyse sælgeren om hundens race og alder. Egnede materialer til hundehalsbånd er læder, stof eller neoprenforing. Et kædehalsbånd er ikke en mulighed og er helt sikkert dyremishandling. Hvis du bærer en sådan, vil din hund altid få smerter på grund af indsnævring og fastklemte hår. Sælgere, der råder dig til at bære en sådan krave, er useriøse.

Så meget for halsbåndet, nu til brystselen. Med en sele er trykket bedre fordelt, og derfor er det normalt mere behageligt for hunden at have en velsiddende sele på end at have et halsbånd på. For at sikre en god pasform skal du sørge for, at stropperne ikke glider ind under hundens armhuler. Ellers kan selen skrabe, når hunden går. Den største belastning ligger på selen midt på brystet, så dette område bør have ekstra polstring. Denne polstring forhindrer ubehageligt tryk på hundens bryst. Hundens skuldre skal også kunne bevæge sig frit og må ikke hindres af remme.

Nu ved du nogenlunde, hvad du skal kigge efter, når du køber halsbånd og brystseler. I sidste ende bør valget ikke afhænge af det æstetiske aspekt af det pågældende hjælpemiddel, men af din hunds behov og adfærd. Det er fornuftigt at købe begge dele og vænne hunden til begge dele. Med tiden vil du bemærke, hvad han føler sig mest tryg ved.

VALG AF DEN RIGTIGE SNOR

Ligesom med spørgsmålet om, hvorvidt du skal bruge et halsbånd eller en sele, er det i sidste ende dig, der bestemmer, hvilken snor der skal bruges. I dette kapitel lærer du, hvilke typer snore der findes, og hvad der adskiller dem fra hinanden. Der er ingen skade ved at prøve flere forskellige snore og først derefter beslutte, hvilken snor der passer til dig. Når du køber en sele, skal du sørge for, at skulderbladene kan bevæge sig frit, og at intet generer i armhulerne. Brystområdet skal være bredt polstret. Køb selen umiddelbart efter, at hvalpen er flyttet ind, hvis du ikke har mulighed for at tjekke, om den passer, før du gør det.

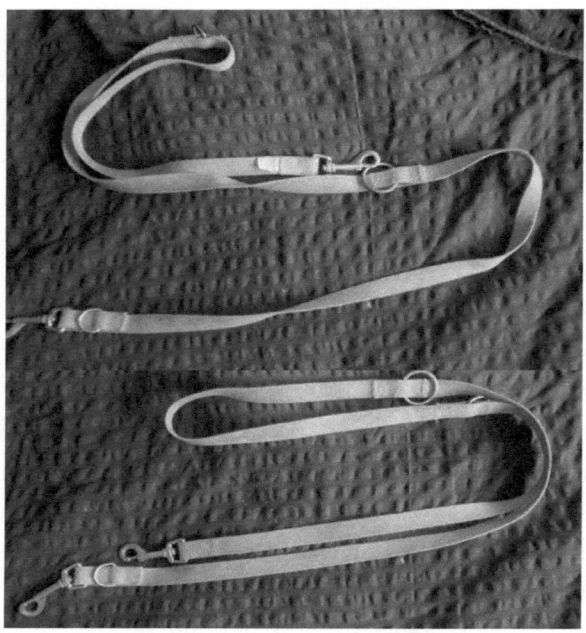

Vores snor, ®

Den "almindelige snor", også kaldet en leder snor, er den klassiske form for snor til hunde. Den er ca. 1 til 2 meter lang og er normalt fastgjort til en halsbånd eller en sele. Disse snore kan være lavet af læder eller plastik og have forskellige tykkelser. Enhver hundeejer bør have en sådan snor, fordi det er den bedste måde at træne hundens færdigheder i at håndtere snoren på. Den daglige snor giver dig god kontrol over hunden. Jo større hunden er, jo tykkere og tungere kan snoren være. En tung snor vil være til hinder for at gå med en lille hund, så køb kun en tynd snor til en lille hund. Du kan normalt finde oplysninger om hundens vægt på snore, der fås i butikkerne.

"Flexi line" er en meget tynd line, der er viklet på en spole, som er placeret i et hus med et håndtag. Når den er fuldt udrullet, kan den have en længde på op til 10 meter. Der er en knap på huset, hvormed du kan stoppe afviklingen og også lade snoren rulle tilbage i huset. Resultatet er, at flexisnoren altid er under spænding. Det er ikke uden grund, at denne type snor bliver kritiseret af denne grund. Hunden lærer, at den skal trække i snoren, for ellers vil snoren ikke blive ved med at rulle sig ud. Desuden er denne snor helt uegnet til større hunde, som har en tilsvarende større trækstyrke. Låsemekanismen kan kun modvirke en lille kraft. Så med en stor hund er der altid en risiko for, at mekanismen svigter, hvilket kan bringe hunden eller dens omgivelser i en farlig situation. Desuden har du som ejer næsten ingen kontrol over hunden.

"Retriever-kæden" er en særlig type snor, som ikke kræver halsbånd eller sele. Med retriever snor er halsbåndet så at sige indbygget i snoren. I hver ende af snoren er der en løkke, som normalt er justerbar i størrelsen, en til at holde hunden på plads og en i den anden ende til at erstatte halsbåndet. Halsbåndsløjfen er trukket løst over hovedet og sidder derfor langt mindre sikkert end et rigtigt halsbånd. Dermed går halsbåndets fordele, såsom at hunden ikke let kan frigøre sig fra det, naturligvis tabt. En retrieverkæde er dog et godt valg, hvis din hund går meget godt og ikke har tendens til panikreaktioner. En Kooikerhondje bør også have det sandsynlige jagtinstinkt godt under kontrol. Hvis dette ikke er tilfældet, bør du hellere vælge et halsbånd med en snor til hverdag.

"Slæbesnoren" bruges til udendørs træning af hunden. Den er mindre velegnet til brug under en normal gåtur. En slæbeline er meget lang for at give hunden så meget plads til at bevæge sig så meget som muligt uden at kunne flygte ukontrolleret. Det giver dig mulighed for at motionere og lege med din hund udenfor uden at bringe hunden eller andre i fare. Jo større hunden er, jo tykkere skal slæbelinen også være, jo større skal den være. Du kan også vælge en slæbeline med eller uden håndsløjfe, afhængigt af om du ønsker at holde linen meget i hånden under træningen eller foretrækker at forhindre hunden i at løbe væk ved at sætte en fod på enden af linen. Fordelen ved en snor uden løkke er, at den ikke kan sidde fast uventet.

"Husets snor" har grundlæggende samme funktion som slæbesnoren, bortset fra at den bruges indendørs i hjemmet. Du kan bruge den til at lave øvelser inde i huset og f.eks. føre hunden til dens plads, når den skal vente der. Det er f.eks. nyttigt, når du øver dig i at hilse på besøgende. Når en hund bor i en husstand, bør den aldrig være den første til at hilse på besøgende i hjemmet. I stedet skal den lære at vente på et bestemt sted, indtil den besøgende er blevet hilst velkommen og lukket ind af et andet medlem af husstanden. Først derefter må hunden hilse på den besøgende. En huslænke er også meget praktisk i forbindelse med hvalpetræning, da du kan bruge huslænken til at komme udenfor meget hurtigt og dermed fremme hundens opdragelse til at blive husket.

Den såkaldte "joggingkæde" er et praktisk hjælpemiddel for sportsudøvere. Du skal blot binde den om din talje, lænke hunden med karabinhagen, og så har du hænderne fri til at løbe. Den indbyggede støddæmper giver ekstra komfort for både hund og ejer. For at kunne bruge en joggingsnor skal hunden allerede kunne gå godt i snor og være begejstret for sådanne aktiviteter.

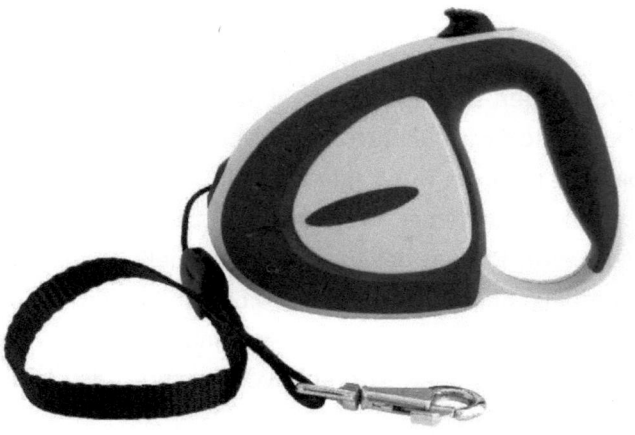

Sådanne automatiske linjer klarer sig ikke så godt

Det er bedre med en solid snor.

At vænne sig til og komme ud af vanen

En hvalp skal lære meget at kende i de første uger af sit liv. Én ting skal man vænne sig til, en anden ting skal man vænne sig fra. Læs nu, hvordan du kan få din lille ven til at vænne sig til at tisse i lejligheden, eller hvordan du kan lære ham, at frygt ikke spiller nogen rolle, når han kører bil.

UDDANNELSE OG ERHVERVSUDDANNELSE
AF EN KOOIKERHONDJE

Stuepasser

Kort efter at din hvalp er flyttet ind, vil du bemærke, at den skal tisse meget ofte. I begyndelsen kan det ske op til tolv gange om dagen. Alene af denne grund bør du altid være til stede, for ellers ender forretningen ikke foran døren, men på dit gulv. Du skal nu lære at genkende de tegn, som din lille hund udsender, så du kan gå ud med den i tide, så den kan gøre sine behov.

På trods af din hunds signaler bør du lade en rutine udvikle sig. Derfor skal du starte med at træne ham ved at tage ham med udenfor, så snart han vågner, så han kan gøre sine behov. Du bør også tage ham med udenfor, når han har spist eller drukket. Uden for disse tidsrum bør du give ham masser af andre muligheder for at gøre sine behov. Det er bedst at tage din hund ud hver anden time.

Ligesom med en kat i huset bør den lille firbenede ven også have et fast sted i haven, hvor han kan gøre sine behov. Han vil hurtigt lære, hvis du tager ham derhen igen og igen, hvad hans opgave er her.

Når dit lille barn har gjort sit arbejde, skal du rose det udførligt, også med godbidder. Du må dog ikke straffe din firbenede ven, hvis der sker et uheld. Det er uundgåeligt, at det sker. Ryd det op, og tag ham med ud på sit "toilet".

Det kan tage op til seks måneder, før den lille hvalp er helt skolet i huset. Nogle lærer hurtigere, andre langsommere. Du kan hjælpe meget, hvis du kan tolke din hvalps signaler.

Hvis den lille hund pludselig ser sig ængstelig omkring og løber rundt i cirkler, kan det være et tegn på, at den "skal gå". Tag ham straks med udenfor til hans "tissehjørne". Hvis han kommer af, så roser du ham. Det kan være, at det tager lidt længere tid, fordi han er distraheret af de ydre stimuli. Vær tålmodig og bliv udenfor, indtil "forretningen" er afsluttet.

For den lille hund kan det være nyttigt at adskille "toilethjørnet" en smule fra resten af haven, så den straks kan se, hvor den skal gå hen, når den har brug for at komme ud.

Indret dette hjørne af haven anderledes, f.eks. ved at sprede træbark. Det vil give din hund et visuelt træk og også en anden lugt. Rengør området flere gange om dagen, så din hund ikke leder efter et andet hjørne i haven.

Du bør altid tage din hund med til dette "tissehjørne", når den skal tisse. Han vil hurtigt vænne sig til det og vil også selv gå hen til dette område, når det bliver vigtigt.

Tips til opdragelse af husholdningen
1. Tør noget af hundens urin op med en af puderne.
2. Placer puden et sted, som hvalpen hurtigt kan nå, når den er stået op eller har spist.
3. Sæt hvalpen på den, når du opdager, at den leder efter et sted at slippe ud, medmindre den går ud på puden af sig selv.
4. Ros ham, når han gør sit arbejde på den.
5. Hvis du skal udskifte underlaget, skal du trykke det nye underlag på et vådt sted på det gamle underlag.
6. Flyt puden gradvist mod døren. Din hvalp vil fortsætte med at bruge den.
7. Når din hvalp nemt kan komme hen til puden ved døren, skal du placere den foran ham.
8. Han går nu målrettet hen til døren, når han skal ud og skide.

Frygt under bilrejser

Som hvalp vil din nye ven sandsynligvis køre i bilen for første gang, når du bringer ham hjem fra opdrætteren. Hvis alt allerede er gået glat her, er det usandsynligt, at du vil få problemer i fremtiden. Du bør dog vænne din hund til bilen, for før eller siden skal den ind igen.

Lad først din hvalp snuse meget til bilen udefra. Hvis han ikke viser frygt, kan du åbne dørene. Måske vil din firbenede ven hoppe ind på egen hånd og udforske bilen indefra.

Start nu også motoren, for det vil nu være en potentiel kilde til frygt for din hvalp. Det larmer, og bilen laver pludselig uhyggelige lyde.

Hvis han nu reagerer bange, er det helt normalt. Gentag motoren igen og igen, indtil hunden vænner sig til støjen og indser, at der ikke er nogen fare fra den "brølende" bil.

Når hunden er blevet vant til det, kan du prøve den første tur. Tag dog altid en fortrolig ledsager med dig i starten, så din hund kan få tillid fra starten, og du kan koncentrere dig om trafikken.

Forhold dig altid rolig og afslappet selv, på den måde giver du også din hund udtryk for, at den kan stole på dig.

Rough Play

Især i hvalpealderen sker det ofte, at den lille fyr går over stregen og bliver overdrevent vild, når han leger. Du er nødt til at sætte en stopper for dette på et tidligt tidspunkt, ellers vil det ikke være anderledes, når han er voksen.

Hvis du nu føler dig "chikaneret" af din hund, fordi han er for o-phidset, mens han leger, og ikke længere lægger mærke til, hvad han la-ver, skal du blot stoppe med at lege med ham uden at kommentere det. Smid legetøjet og gå uvidende væk. På den måde undgår du en eskale-ring, f.eks. ved at blive bidt ved et uheld, men du undgår også, at din hund utilsigtet belønnes for sin uhøflige adfærd.

Hvis det sker oftere, at din hund "bliver afsporet", skal du overveje, hvilken type spil du spiller med den. Vælg mere rolige spil, der udfordrer ham, men ikke ophidser ham.

Hvis du stadig ønsker at lege sådanne spændende lege, skal du gøre det med korte intervaller og stoppe med det samme, hvis du opda-ger, at din hund bliver "ophidset". Fortsæt først med at spille, når han er faldet til ro igen.

Destruktivitet

Sandsynligvis, men forhåbentlig ikke, vil du på et tidspunkt komme ind i din lejlighed og tro, at en flok elefanter er løbet igennem her. Hvad skete der? Din hund gik amok og efterlod et træningssted for håndgranater. Indholdet af skraldespanden er spredt rundt i køkkenet, toilettet er så fyldt med toiletpapir, at man ikke kan finde det, og sofaen... ja, den var engang...

Hvad skal jeg gøre? Først og fremmest skal du tage en dyb indånding og tage hunden med ud i frisk luft, så I begge kan køle ned. Derefter vil du sandsynligvis rydde op og tænke over, hvorfor det hele skete.

I fremtiden kan du naturligvis sørge for, at døren til toilettet forbliver lukket, og at skraldespanden er uden for hundens rækkevidde. Ikke desto mindre er der en årsag til denne ødelæggelsesvilje, fordi din hund ikke gjorde det, fordi den nyder at ødelægge genstande.

Udviser din firbenede ven denne adfærd, når du er ude af huset? Så er han bange for at være alene. Øv dig med ham, så han ved, at han ikke er i fare, når han er alene hjemme.

Men måske bruger du ikke nok tid sammen med ham. Hvis din hund keder sig, kan det gå ud over dine genstande. Beskæftig dig mere med ham og hold ham beskæftiget, så han er træt og glad. Leg udfordrende og opmuntrende lege med ham, og gør den tid, du har sammen med din firbenede ven, varieret.

Stress kan også være en årsag til din firbenede vens ødelæggelsestilfælde. Prøv at finde ud af, hvad der stresser ham, så du kan undgå denne situation.

Hvis du er helt i vildrede og ikke har nogen som helst forklaring på din hunds adfærd, skal du søge hjælp hos en dyrlæge. En hundepsykolog kan også hjælpe, og et besøg på en god hundetræningsskole har også været en stor hjælp til at analysere din hunds adfærd.

Rastløshed

Hvis du bemærker rastløshed hos din hund, kan det også have en meget banal årsag i begyndelsen.

Det er muligt, at din firbenede ven har et presserende behov for at komme fri.

Men det kan også være, at han føler smerte. Hvis du har mistanke om dette, skal du naturligvis straks gå til dyrlægen og få årsagen afklaret.

Hvis du selv er meget nervøs og rastløs, fordi noget generer dig, kan du også overføre disse følelser til din hund. Hunde er meget sarte og følsomme, og hvis du ikke har det godt, lider din firbenede ven med dig.

Er der sket nogen ændringer i dit sociale miljø? Måske er du ved at flytte, eller du har fået en ny partner, som din hund ikke rigtig kender endnu. Disse omstændigheder kan også være årsag til rastløshed.

En anden årsag til din hunds rastløshed kan også være mangel på motion og ren og skær kedsomhed.

Du skal under alle omstændigheder forsøge at finde årsagen og stoppe den, så dit kæledyr kan falde til ro igen.

Træk i snoren

Denne dårlige vane er også baseret på fejl i opdragelsen af hvalpen. Måske har du også brugt en flexi-kæde (automatisk snor), fordi du troede, at det ville give hunden større bevægelsesfrihed. Nu hjælper kun målrettet træning med en justerbar snor på ca. to meters længde.

Det er helt meningsløst at arbejde med modtræk eller endda at bruge et kraftigt ryk i snoren. Det opmuntrer din hund til at trække endnu hårdere. I begyndelsen skal du bare prøve at stå stille. Kald hunden til dig. Lad ham nu gå på hælen i et par minutter. Hvis du konsekvent reagerer på denne måde, hver gang hunden trækker, vil den sandsynligvis give slip på det. Han lærer, at det er en disciplinær øvelse at hive og ikke gavner ham.

Hvis dette ikke hjælper, kan du bruge nedenstående metode. Det gør det muligt for dig at fremstå overraskende over for hunden. På den måde har du øjenkontakt og kan nemt påvirke ham. Det er vigtigt, hvis du skal gribe ind, når to hunde mødes.

Øv bevægelserne uden hunden i starten, for de skal foregå uden problemer og uden at hive i snoren. Fastgør snoren til en genstand, og hold den stramt i løkken.

Tag et skridt mod linjen, mens du halvt drejer dig mod den og griber den med din frie hånd. Spændingen skal forblive uændret. Hold nu snoren foran din krop med begge hænder.

Bliv ved med at dreje i den retning, mens du vikler linen rundt om kroppen. På denne måde nærmer du dig fastgørelsespunktet uden at ændre snorens spænding. Dette er meget vigtigt, fordi snoren senere er fastgjort til hunden. Hunden må ikke opdage, at du nærmer dig den.

Vores lille linen trick, ®

Med den næste halve vending stiller du dig foran det faste punkt på snoren. Så snart du har lært bevægelserne, kan du udføre dem, når hunden trækker igen. Han er allerede vant til, at du stopper. Men denne gang kalder du ikke på ham, men dukker pludselig op foran ham. Pak snoren væk fra din krop, og fortsæt med at gå, som om intet er sket.

Kommandoer - Sit, Ned & Co.

De første kommandoer, som din lille ven skal lære, er "sid", "ned", "bliv", "kom" og "sluk". Men du må ikke lave dem alle på én gang, det vil gå galt. Begynd med én kommando, og øv dig først på den anden, når du mestrer den.

Vælg det rigtige tidspunkt at træne på. Hvis dit barn er træt eller sløvt, er der ingen grund til det. Øv dig flere gange om dagen, men kun i kort tid. Ellers vil du overbelaste den lille hund. Væn dig til en rolig tone, og strak aldrig din hund.

Arbejd med belønninger, når din kommando udføres korrekt. Dette er stadig prægende, og din hund lærer. Ignorer det, hvis han ikke har handlet korrekt, og gentag øvelsen uden at kommentere den. Du har ikke meget tid til at belønne eller ignorere. Du skal gøre dette umiddelbart efter, at din hund har gjort noget. Så giv godbidden straks, når kommandoen er blevet udført, og afbryd legen, f.eks. hvis din firbenede ven bliver for vild eller endda bider.

Stop altid, når din øvelse er vellykket. Det gør det meget sjovere at lære, og det lærte vil blive husket.

Brug aldrig din hvalps navn som en kommando. Mange hundeejere gør det forkert. Ofte bruges navnet til at sige til hunden: "Kom til mig". Når du kalder din hund ved dens navn, er det dog for at få dens opmærksomhed. Når du kalder navnet, kigger hvalpen på dig, og nu kan du sige den ønskede kommando. I bedste fald vil din hund naturligvis også udføre det, hvis den allerede har lært det.

Erfaringen har vist, at det ikke er let at lære din hvalp at sætte sig ned, når du giver kommandoen. Brug en masse tid og frem for alt tålmodighed, når du vil lære din hvalp noget. Vær også meget konsekvent, for

UDDANNELSE OG ERHVERVSUDDANNELSE
AF EN KOOIKERHONDJE

det hjælper ikke din hund, hvis du gør én ting det ene øjeblik og noget andet det næste.

For kommandoen "Sit" skal du gå frem som følger: Først skal du lokke din hvalp til dig, helst med en godbid, hvis den endnu ikke reagerer ordentligt på sit navn. Hold den lidt højere, så han kigger op på dig. Giv nu kommandoen "Sit". For at din hvalp kan holde øje med godbidden, vil den sandsynligvis sætte sig i en siddende stilling. Ros ham nu udførligt og giv ham godbidden. Hvis han i stedet vil hoppe op efter dig, skal du sige "Nej" og gentage øvelsen.

Du lærer ham kommandoen "Nej" "undervejs", for der er altid, især i begyndelsen, situationer, der er uønskede. Hvis du fanger din hvalp i en sådan situation, skal du sige "Nej" i et skarpere tonefald for at stoppe adfærden. Din kropsholdning i det øjeblik er også meget vigtig. Distraher nu din hvalp fra dens oprindelige hensigt og beløn den straks, når distraktionen er lykkedes. På denne måde lærer den lille firbenede ven, at "nej" betyder enden.

Kommandoen "Kom" er også meget vigtig, for du skal trods alt kunne kalde din hund væk i enhver situation. Når din hund kigger på dig, skal du gå ned på knæ og lokke den hen til dig. Brug kommandoen "Come" til at gøre dette. Ros og beløn din ven, når han rent faktisk kommer til dig. Hvis din hund adlyder kommandoen, vil den på denne måde hurtigt vide, at den kan forvente noget lækkert fra dig. Men hvis han løber væk i stedet, skal du ikke løbe efter ham. Dette vil sandsynligvis blive en sjov jagtleg for din hvalp, og du vil opnå det stik modsatte.

For kommandoen "Sit" skal du tage en godbid i din lukkede hånd. Bevæg den tæt på gulvet frem og tilbage foran din hunds næse, og giv kommandoen "Sit". Hvis din hund lægger sig ned, fordi den vil have en godbid, skal du rose den og give den godbidden.

Det er vigtigt, at du træner i små skridt med alle øvelser. Tag dig god tid, vær rolig og vær konsekvent. Det kan også være nyttigt at bruge passende håndtegn ud over verbale kommandoer. Så vil dit projekt helt sikkert lykkes.

Sådan træner du "Sit

Vis din hund en godbid, mens du står foran den. Hold den over hans hoved, så han skal løfte den kraftigt for at se den. De fleste hunde sidder af hensyn til komforten, fordi det er lettere at holde øje med godbidden, mens de sidder. Du kan også trykke forsigtigt på bagdelen, hvis din Kooikerhondje ikke sidder fast.

Sørg for, at din hund ikke behøver at sidde i en vandpyt eller på glasskår. Han stoler på dig. Hvis det er ubehageligt for ham at udføre kommandoen, vil han generelt se sig om efter, hvor han skal sidde i fremtiden.

Beløn kun hunden, når den sidder, dvs. når dens bagdel rører jorden. Så snart din hund har forstået kommandoen, kan du øve dig på "Sit" med den, når den står ved siden af dig. Senere skal han også gøre det, når du giver kommandoen på afstand.

Visuelt signal "Sit".

Det er sådan, hvalpen lærer kommandoen "Sit!":

- Unge hvalpe, der endnu ikke har haft nogen erfaring med indlæringsøvelser, forstår meget hurtigt kommandoerne "Sit" og "Ned".

- For "Sit" skal du tage en godbid mellem tommelfinger og langfinger.
- Før hånden med godbidden op forbi hans næse.
- Så snart bagdelen bevæger sig mod gulvet, skal du give kommandoen "Sit!".
- Hvis hvalpen sætter sig ned, men derefter forsøger at rejse sig på bagbenene, skal denne adfærd stoppes med et skarpt "Nej".
- Når hvalpen har sat sig ned, gives belønningen med det samme.
- Vent længere hver gang, før du giver en godbid.
- Efter et par øvelser kan du sige kommandoen "Sit" uden at give en godbid, da hvalpen kun skal reagere på håndsignalet.

Sted

Med denne kommando trækker du Kooikerhondje endnu mere eftertrykkeligt ud, fordi han har brug for længere tid, før han er på benene fra den stilling, han skal indtage, når han sidder ned. Korrekt udført ligger han på maven med forbenene strakt ud.

Bemærk: Overvurder ikke tidsforsinkelsen. Når din hund har lyst, er den lynhurtigt på benene og løber af sted. Du opbygger en mental barriere, ikke en fysisk. Din hund skal aktivt være ulydig over for din kommando, før den løber. Dette forhindrer ham ofte i at løbe ukontrolleret væk. Hvis du reagerer hurtigt, kan du som regel stoppe ham med en kommando, før han gør skade, eller der sker ham noget.

Du kan begynde at træne kommandoen, så snart hunden har lært kommandoen "Sit". Han skal acceptere, at han ikke må rejse sig op, så hans bagdel skal blive på jorden.

Tag en godbid i hånden og læg den ned tæt på jorden foran din Kooikerhondje. Hold den i hånden. Din hund skal kunne lugte det. Ved at gentage kommandoen "Sit" forbyder du ham at rejse sig op for at få godbidden.

Han skal derfor lægge sig på gulvet med forbenene strakt ud for at nå godbidden uden at rejse sig op. Sig "Ned", så snart hunden lægger sig ned, og beløn hunden.

Når han har lært "Sit" og "Ned", kombinerer du øvelsen med "Stay". Med sidstnævnte forbyder du din hund at følge dig. Men han kan selv bestemme, om han vil stå, sidde eller ligge ned. Med kombinationen af kommandoer bestemmer du også den stilling, som han skal holde sig i.

Øg sværhedsgraden ved at hoppe foran hunden, kaste en bold eller gå rundt om den. Men du må ikke overdrive det. Hvis din hund vil rejse sig, skal du bede den om at sige "Sit" igen, men annullér kommandoen efter et par sekunder.

Det er sådan, hvalpen lærer kommandoen "Sit!":

- Når hunden har lagt sig på sin plads eller sit tæppe, kan du stryge den, mens du siger "Sit" igen og igen. På denne måde forbinder han ordet "sidde" med en positiv oplevelse.
- Så snart du opdager, at hvalpen er træt, lokker du den hen til kurven, f.eks. med en godbid. Hvis han lægger sig ned i kurven, gentager du ordet "Sit".
- Når du har gentaget denne øvelse i et stykke tid, er det næste skridt at forsøge at sende hvalpen hen til sit tæppe eller sin kurv blot ved at sige ordet "sid". Hvis det sker uden yderligere problemer, skal der lyde en stor ros.

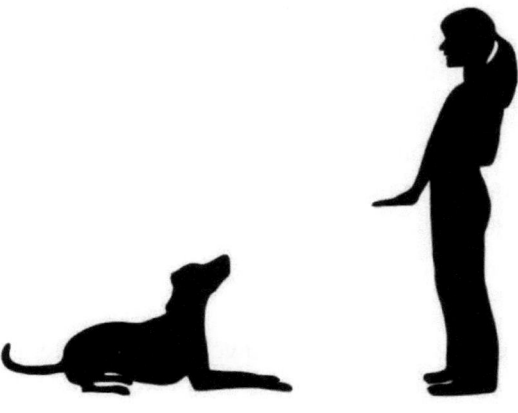

Visuelt signal "Place

Hentning

Tilbagebringning indebærer også, at hunden afleverer sit "bytte". Denne del af øvelsen giver god mening. Du behøver trods alt ikke altid at reagere med et hårdt "off"-forbud, når din Kooikerhondje har noget i sin fangst, som du gerne vil tage fra den. Prøv en ombytning.

Giv hunden en godbid og sig "sæt den ned". Din hund kan frit beslutte, om den vil tage imod godbidden eller ej. Hvis han vil tage den, skal han lægge det, han har i munden, fra sig. Giv hunden godbidden, og ræk straks ud efter bytteobjektet. Din hund bør under ingen omstændigheder få begge dele.

Visuelt signal "Off

Sundheden i Kooikerhondje

Nederlandse Kooikerhondjes er modtagelige over for nogle specifikke sygdomme: Nekrotiserende myelopati, Von Willebrands sygdom, øjensygdomme, epilepsi og patellaluxation. Før vi diskuterer nogle typiske sygdomme og lidelser, som kan ramme alle hunderacer, vil vi først diskutere disse specifikke sygdomme.

HVILKE SUNDHEDSPROBLEMER KAN SPECIFIKT OPSTÅ HOS KOOIKER-HUNDEN?

Nekrotiserende myelopati er en specifik sygdom, som kun kan forekomme hos Kooiker-hunden. Den generiske betegnelse er "degenerative myelopatier". De nævnte degenerative myelopatier kan forekomme hos forskellige hunderacer, selv om de synes at være racespecifikke. Nogle eksempler er dalmatiner leukodystrofi, terrier ataksi myelopati, Ibiza progressiv degeneration og labrador axonopati.

Nekrotiserende myelopati i Kooikerhondjes opstår inden for den første tredjedel af livet. I løbet af de første tre måneder kan den hvide knoglemarvssubstans degenerere. Dette fænomen forekommer oftest i halsmarven. Selv om dette manifesterer sig i øgede reflekser, fører det hurtigt til progressive tegn på lammelse. Alvorlige skader på rygmarven er normalt en arvelig sygdom, der forårsager en forringelse af centralnervesystemet. Nekrotiserende myelopati starter i knoglemarven og spreder sig til nervefibrene.

De første symptomer viser sig, når hvalpen begynder at halte i bagbenene i de første tre måneder. Hunden kan ikke længere gå ordentligt, og den kan holde op med at træde med bagbenene, men trækker sine poter bag sig og står på bagsiden af poterne eller på anklerne. Hvis dette bemærkes, er det nødvendigt at stille en øjeblikkelig diagnose. Da nekro-tiserende myelopati normalt er en arvelig sygdom, er det nødvendigt med en blodprøve for at stille diagnosen. Samtidig udføres der en VWD-test med den syge blodtælling, som kan bruges til at diagnosticere Von Willebrands sygdom, som forekommer tilsvarende hyppigt i Nederlandse Kooikerhondje.

Selve sygdommen udvikler sig drastisk uden effektiv behandling. Nekrotiserende myelopati fører altid til dyrets død. Dyrlæger anbefaler, at hunden aflives tidligt efter en vellykket diagnose, da sygdommen forår-sager store skader, som er smertefulde.

Det er heller ikke muligt at forebygge. Da det er en arvelig sygdom, er sygdomsgenet allerede til stede i hvalpen før fødslen. Ikke desto mindre kan man forebygge, når man avler. Sygdommen bryder kun ud, hvis begge forældre bærer genet. Inden for en avl kan en hund derfor parres med en tæve eller en hund, der er fri for dette gen. Sygdommen er stadig til stede som et gen i arvematerialet, men der er ingen alvorlig udvikling.

Hvorfor den hollandske kooikerhondje som den eneste af alle racer er modtagelig for denne sygdom, kan man ikke sige. Arvelig nekrotiser-ende myelopati er ukendt hos andre hunderacer.

Den samme blodprøve, som bruges til at påvise nekrotiserende myelopati, bruges også til at udføre en VWD-test, som kan påvise Von Willebrands sygdom. Dette er også en arvelig sygdom, en blodproppesyg-dom. En blodkoagulationsforstyrrelse skyldes en mangel på Willebrand-faktoren. Den plasmatiske Willebrand-faktor er et blodglykoprotein, som altid anvendes, når der er behov for hurtig sårheling af åbne sår på over-fladen.

Hvis et levende væsen bliver overfladisk såret, slipper der hurtigt en stor mængde blod ud. Hvis skaden ikke er for alvorlig og ikke bør kræve sting, vil kroppen selv danne en blodprop, der grinder skaden og lukker den. Blødningen stoppes således, og grynet går gradvist tilbage, indtil huden regenererer sig. Men hvis den plasmatiske Willebrand-faktor mangler, sker der ingen sårkoagulation. Dette fører til sekundære blød-ninger, og i værste fald kan et levende væsen forbløde til døde uden den rette hjælp.

Det er ikke kun "normale" overfladiske skader, der rammes, men sygdommen rammer især slimhinderne. Der kan forekomme forskellige blødningssymptomer, som kan forværres af stress, adrenalin og andre sygdomme. Symptomerne omfatter næseblod, blå mærker, blødende tandkød, halthed, langvarig menstruation og høj menstruationsblødning hos tæver, konstant blodmangel og indre blødninger som f.eks. gastrointestinale blødninger.

For at dyrlægen kan stille en diagnose, er det ikke kun nødvendigt med en blodprøve, men også med en prøve af mundslimhinden. Dette gør det muligt at foretage en genetisk test, som er uafhængig af hundens alder. Denne genetiske test giver præcise oplysninger om, hvorvidt dyret er mutationsfrit - hunden er ikke bærer af genet -, om det er bærer af genet uden at sygdommen er brudt ud, eller om der er tale om en "komplet" sygdom.

Overordnet set kan Von Willebrands sygdom være af tre typer, fra let til svær til alvorlig. Alle typer nedarves autosomalt recessivt, og begge forældre skal være bærere. Kun type III, den alvorligste, forekommer i Nederlandse Kookerhondjen. Andre bærere er den skotske terrier og shetlandsheepdoggen.

Sygdommen kan ikke helbredes, men i tilfælde af alvorlige blødninger kan der gives medicin og blodtransfusioner, som stopper blødningen. I tilfælde af mindre skader er det derfor vigtigt at gå til en dyrlæge med det samme.

Da Von Willebrands sygdom også er en arvelig sygdom, bør avlere kun anvende dyr, hvor der ikke er sket nogen mutation. Da sygdommen nedarves autosomalt recessivt, er der stor sandsynlighed for, at kun få hvalpe fra et kuld vil bære mutationen.

Øjensygdomme i Kooikerhondje er særligt almindelige, med et bredt spektrum af sygdomme. De nævnte øjensygdomme kan være immunrelaterede, smitsomme, arvelige eller udløst af fremmedlegemer, skader og træk.

Hunde er normalt ret stædige dyr, når det drejer sig om øjenlidelser. De interesserer sig sjældent for, hvis der er noget galt med deres øjne, da det ikke er deres primære sans. Det er derfor alarmerende, når der opstår reaktioner. Disse reaktioner kan vise sig på meget forskellige måder, og symptomerne ligner dem hos mennesker. Der kan forekomme øget blinkning eller sammenknebning af øjnene. Dette kan også resultere i udflåd i øjnene, som påvirker synet. Nogle gange er denne udledning så minimal, at ejeren ikke bemærker den med det samme. Øget udflåd resulterer så i tørre sekreter, som kan findes omkring øjnene og klæbrige øjenlågsrander.

Der er også en meget utypisk adfærd for hunde, når de forsøger at gnide sig i øjnene med poterne. Hvis dette sker, uanset om det er ensidigt eller bilateralt, skal det kontrolleres med stor opmærksomhed, fordi hunde kun kan gøre så meget med deres poter. Det er de klar over, og derfor prøver de sjældent at gnide eller klø sig med poterne. Hvis en hund går i nærheden af øjnene med sine poter, må der være noget, der generer den mere end bare lidt.

Der kan være simple fremmedlegemer i øjnene, f.eks. snavspartikler eller awns. Disse kan sætte sig fast under øjenlågene. Symptomerne omfatter rødme af øjeæblet eller bindehinden, øjet er uklar, hævet eller forstørret, nedsat syn og generel følsomhed over for berøring. Det er dog ikke altid et fremmedlegeme, da hunde og især Nederlandse Kooikerhondje er tilbøjelige til at få konjunktivitis, hornhindefejl og glaukom.

Konjunktivitis, eller konjunktivitis eksplicit hos hunde, er en infektiøs betændelse forårsaget af virus, parasitter, bakterier eller svampe. Klamydia, stafylokokker, herpesvirus eller adenovirus er ikke ualmindelige udløsende faktorer. Samtidig kan der opstå ydre irritationer på grund af træk, forskellige allergener, støv og fremmedlegemer.

Et typisk tegn er en rødlig konjunktiva. Ikke sjældent er dette symptom forbundet med udflåd i øjnene og en generel hævelse af øjenlåget. Forskellige former for medicin kan hjælpe mod disse symptomer. En dyrlæge kan ordinere øjendråber eller øjensalver, som skal påføres det berørte øje tre til fem gange om dagen i gennemsnit.

Hvis konjunktivitis er mere alvorlig, og patogenet er bakterielt, skal der anvendes en antibiotisk øjensalve. De indeholder ikke kun plejende, men også regenererende aktive stoffer, der styrker immunsystemet og bekæmper patogenet. Efter et besøg hos dyrlægen bør konjunktivitis aftage efter to uger. Hvis dette ikke er tilfældet, skal der foretages omfattende undersøgelser på grund af kroniske årsager.

Hornhindefejl, eller hornhindefejl, er sjældne hos mennesker, men er mere almindelige hos hunde. Hornhinden er øjets yderste lag, hvor der let kan opstå skader, f.eks. fra kattekløer, uforsvarlig løb gennem buske og undervegetation og kampe med andre hunde. Ud over ydre skader kan en hornhindefejl opstå som følge af en anden sygdom.

Det er ikke let at opdage en skade i øjets hornhinde. En dyrlæge skal undersøge øjet med et særligt farvestof, "fluorescein" eller "blåt lys", for at kunne se skaderne.

Hornhindeskader opdeles grundlæggende i ikke-perforerende og perforerende skader. Hornhinden, som er øjets yderste lag, består af mange andre lag. I tilfælde af en ikke-perforerende hornhinde defekt er ikke alle lag blevet perforeret eller gennemboret. Det er en slags ridse på et af lagene. Ved en perforerende læsion er hele hornhinden blevet punkteret. Førstnævnte kan heles med en antibiotisk salve og en yderligere helende salve uden yderligere komplikationer; i tilfælde af en perforerende skade skal hornhinden genoprettes ved hjælp af en operation.

Igen opstår de typiske symptomer på smerte og ubehag i øjet, og det er derfor, at hunde ofte forsøger at få fat i øjnene med deres poter.

I sidste ende lider hunde ofte af glaukom, bedre kendt som "grøn stjerne". Det kliniske billede beskriver en vedvarende stigning i det indre tryk i øjet. Det skyldes, at der dannes vandigt humør, som ikke kan løbe væk og øger trykket i øjet. Som følge heraf opstår der ofte skader på syns-nerven og nethinden. I værste fald kan det føre til fuldstændig blindhed, og øjeæblet kan blive smertefuldt forstørret.

Glaukom er normalt familiært betinget. Der kan således fore-komme en obstruktion af kammervæskeudstrømningen i betydelig grad eller som en ledsagelse af andre øjensygdomme.

I modsætning til andre sygdomme, der påvirker Kooikerhondje, kan grøn stær behandles, selv om det er vanskeligere, hvis genet er arve-ligt. Desuden skal der handles hurtigt nok, før sygdommen er for langt fremskreden, ellers kan ingen behandling hjælpe.

For at afgøre, om en hund lider af grøn stær, bruges et særligt ap-parat til at måle det intraokulære tryk. Efter et par sekunder kan det ses, om der er en afvigelse fra de normale værdier. Hvis der er en afvigelse, kan der både anvendes medicin og kirurgi. Der kan dog forekomme akut blindhed eller en hurtig forringelse af synsstyrken på trods af tidlig be-handling.

Grå stær kan også forekomme hos hunde, selv om de er mindre almindelige end grøn stær.

Den lille spaniel er særlig modtagelig for epilepsi, som udvikler sig anderledes end hos mennesker. Den mest almindelige form for epilepsi hos hunde er den såkaldte "faldsyge", som kan forekomme allerede hos hvalpe eller kun hos ældre hunde.

Dette er en gentagen fejlfunktion i hjernen. Ved denne funktions-fejl er der en ubalance mellem neuronernes udladning og den faktiske elektriske ladning. I tilfælde af faldsyge kan ubalancen resultere i pludse-lige ladningsbølger; hele bundter af neuroner og associationer kan udsende ukontrollerede strømstød af elektricitet på samme tid. Dette re-sulterer i et epileptisk anfald, som ikke blot kan variere i intensitet, men den ukontrollerede strømopladning kontrollerer sig selv efter et stykke tid, så det epileptiske anfald stopper af sig selv. Meget få anfald varer i minutter; i stedet lider hunde normalt af et epileptisk anfald i kun få se-kunder.

Der findes grundlæggende to typer epileptiske sygdomme. Der skelnes mellem fokal epilepsi og primær epilepsi. Ved fokal epilepsi opstår der kortslutninger, som kun påvirker visse områder af hjernen, og hvor det epileptiske anfald derfor kun forekommer delvist i enkelte dele af kroppen. Det kan ske, at disse epileptiske anfald ikke altid bliver erkendt for det, de faktisk er. De varer kun få sekunder og viser sig ved trækninger i benene, som undertiden - og så angiveligt - kan forekomme naturligt, når hunde sover. Umotiveret gøen, tygge eller snappe efter imaginære fluer kan også være tegn på et lille epileptisk anfald.

Generaliseret epilepsi er derimod ofte kritisk og synlig. Ved et generaliseret anfald er det ikke kun dele af hjernen, der er påvirket, men begge hjernehalvdele. Som følge heraf spredes de elektriske stød ikke kun til enkelte lemmer og muskler, men til hele kroppen. 80 procent af alle dyrepatienter lider af generaliseret epilepsi. Chancen for et fokalt anfald er derfor lille.

Der findes tre forskellige typer af generaliseret epilepsi. I Nederlandse Kooikerhondjen forekommer kun et tonisk epileptisk anfald, en massiv udladning af spænding. Hundene gennemgår tre faser, hvorved et generaliseret anfald let kan genkendes.

Den første fase annoncerer anfaldet. Der er en lille ændring i rastløshedens adfærd. Nogle gange op til en time før et anfald er der ukontrolleret spytning, læbeslikning eller urinering i lejligheden, selv om hunden faktisk er staldtæmmet. Det er ikke ualmindeligt, at dyrene enten trækker sig tilbage og gemmer sig eller aktivt bliver i nærheden af deres ejer af frygt for ikke at vide noget og gø højt for at fordrive det ukendte.

Den anden fase er selve anfaldet. Anfaldet opstår pludseligt, med stivhed eller høj spænding i de generelle skeletmuskler. Hvis hundene står under anfaldet, falder de med strakte ben. De kan ikke tales til under anfaldet og mister ofte bevidstheden. Der kan være padlende bevægelser i luften, som ofte virker kontrollerede, eller krampagtige muskeltrækninger og en typisk rysten, som også forekommer ved epileptiske anfald hos mennesker. Da hunden ikke har kontrol over sin krop, kan den tømme tarmene eller blæren eller spytte ukontrolleret. Lyde som f.eks. klynkeri

er også en del af det. Efter højst to minutter ophører anfaldet. Selve an-
faldene opstår tidligt om morgenen, om aftenen eller om natten, når den
epileptiske person slapper af efter en anstrengende dag.

Der er ikke altid sundhedsmæssige eller livstruende konsekvenser.
Generelt må det dog siges, at nerveceller altid dør under et epileptisk an-
fald. Hvis et anfald varer længere end ti minutter, klassificeres det som
livstruende. Det samme gælder for konstante gentagelser, når hunden
ikke har tid til at komme til bevidsthed mellem anfaldene. I disse tilfælde
kaldes det "status epilepticus" og kan kun behandles på en intensivafde-
ling. Serielle anfald, som ofte opstår inden for få dage, er ikke umiddel-
bart livstruende, men i de fleste tilfælde resulterer de i permanente hjer-
neskader, eller der kan opstå status epilepticus.

Den tredje fase beskriver efterdønningerne. Ligesom mennesker
opfører dyrene sig sløvt og udmattet. Mange hunde kan regenerere me-
get hurtigt og genvinde alle deres kræfter efter få minutter, mens andre
kæmper med konsekvenserne af det neurologiske tab i timevis. Der kan
forekomme vandring, synsforstyrrelser og generel desorientering,
stivhed i lemmerne kombineret med en vaklende gang eller unormal sult
og tørst, da kroppen reagerer meget udmattet. Hunden kan sluge
fremmedlegemer uden at være klar over det. Derfor er det vigtigt, at eje-
ren konstant overvåger dyret efter et epileptisk anfald.

En hund kan lide af epilepsi eller faldsyge af forskellige årsager. For
generel primær epilepsi, som er den form for epilepsi, der oftest rammer
hunde, er der ikke fundet nogen direkte årsag. Den kaldes idiopatisk: "u-
den kendt årsag". Der er ingen anatomiske ændringer i hjernen, og man
kan heller ikke sige, at epilepsi hos hunde er arveligt betinget. Nogle hun-
deracer er dog kendt for at have en genetisk disposition. Det drejer sig
bl.a. om Rhodesian Ridgeback og Nederlandse Kooikerhondje. Der er tale
om en genetisk defekt i racegenet, som ikke direkte forårsager epilepsi,
men en defekt, som nedarves autosomalt recessivt, og som af ukendt år-
sag viser sig i en form for epilepsi. Schæferhunde, Berner Sennenhunde
og Golden Retrievere lider mere sjældent af denne genetiske defekt.

Ved strukturel epilepsi, som tidligere blev kaldt sekundær symptomatisk epilepsi, udløses epileptiske anfald af en allerede eksisterende sygdom i hundens krop. Nogle af årsagerne kan være hjernetumorer, hovedtraumer, hjerneblødning eller hjernebetændelse (hudbetændelse). Den kaldes strukturel epilepsi, fordi den kun kan påvises ved hjælp af MRT, fordi den viser de aktive ændringer i hjernen. I modsætning til primær epilepsi viser hunde neurologiske underskud mellem episoderne.

Metabolisk epilepsi er derimod en organisk eller metabolisk sygdom, som kan udløses af hypoglykæmi, nedsat leverfunktion eller ændringer i blodsalte, især ændringer i calciumniveauet. Selv om primær epilepsi forekommer hyppigere og forbliver uforklarlig, kan den stadig behandles bedre end metabolisk epilepsi. Metabolisk epilepsi reagerer ikke på klassiske antiepileptiske behandlinger, fordi den egentlige stofskiftesygdom skal helbredes, før epilepsien kan behandles. Det er vigtigt at sige her, at besvimelsesanfald kan forekomme som et symptom på epilepsi, men at de ikke må forveksles med iltmangel i hjernen, som det f.eks. kan være tilfældet ved hjertesygdomme.

Terapien er baseret på de forskellige typer epilepsi. I tilfælde af strukturel epilepsi skal den underliggende sygdom behandles. For tumorer kan det betyde operation, stråling eller kemoterapi, og for infektioner og betændelser ordineres antibiotika og antiparasitika. Mange af de antiepileptiske lægemidler, der anvendes til strukturel epilepsi hos hunde, anvendes også i humanmedicin.

Behandlingen af genetisk epilepsi er på den anden side mere kompliceret. Her afhænger det af anfaldets varighed, hyppighed og intensitetsgrad, da et dyr ikke altid skal behandles. Desuden er der kun begrænset hjælp at hente, da epilepsi ikke kan helbredes hos hverken mennesker eller dyr. Den ordinerede behandling bruges til at dæmpe anfaldene og kontrollere dem. Dette indebærer konsekvent tabletadministration, og de fleste ejere opfordres til at føre en anfaldsdagbog for bedre at kunne registrere anfaldene. Dette gør det muligt at ændre doseringen af antiepileptika om nødvendigt.

Behandling er altid nødvendig, hvis der er mere end ét anfald i løbet af et kvartal, hvis der er en stigning i anfaldsstyrke eller anfaldsfrekvens, der varer længere end fem minutter, hvis der er serielle anfald (serielle anfald er to anfald inden for en hel dag) eller klyngeanfald (mere end to anfald i umiddelbar forlængelse af hinanden), eller hvis der er status epilepticus, hvor der ikke kan opnås bevidsthed.

I sidste ende er Kooiker-hunden tilbøjelig til at få patellaluxation. Dette er den mest almindelige knæledssygdom, der kan forekomme hos hunde. Det er normalt en medfødt disposition, som opstår på grund af næringsstofunderernæring i livmoderhalsen, eller en bevægelsesulykke. Nederlandse Kooikerhondje er en af de mest modtagelige hunderacer for patellaluxation, da det er en lille hunderace, der er tilbøjelig til at få knogleproblemer. Dette omfatter ikke kun spaniels, men også minipudler, chihuahuahuaer, pekinese, yorkshire terrier, papillon og boston terrier. Prædispositioner kan også forekomme hos store hunderacer, men disse racer er arvelige. Disse store hunderacer omfatter Chow-Chow, Dachshunde og Cocker Spaniels, Appenzeller, Spitz og Flat Coated Retrievere.

Faktisk forekommer knæledssygdomme ikke kun i alderdommen, men allerede i det første leveår. Den mest almindelige årsag er en ernæringsmangel, som resulterer i en vækstforstyrrelse. Dette resulterer i patellaluxation. Fedme kan også fremme patellaluxation. På trods af alt dette kan der forekomme naturlig slitage af leddene, afhængigt af hundens alder og aktiviteter. Jagthunde er f.eks. mere slidte end almindelige familiehunde.

Patellaluxation er ikke let at genkende. Patella er knæskallen, som er en primær komponent i knæleddet. Det opfører sig anderledes end mennesker. Knæleddet sidder i bagbenene og bøjer fremad i stedet for bagud. Patellaluxation viser sig ved en forskydning, som kan få knæskallen til at springe ud af siden af styresporet. Dette resulterer i en luksation, en forskydning. En sådan dislokation kan genkendes ved, at hunden er lam på et eller begge bagben og kun forsøger at gå på tre ben. Dette viser sig ved en hoppende gang. Der kan også observeres intermitterende halthed i støttebenene. Dette er en delvis aflastning af benet, før man går normalt igen - en kort halthed efterfølges af normal gang.

Der findes flere terapeutiske behandlinger, som kan anvendes ved knæledssygdomme. Først tages der et røntgenbillede for at bekræfte det kliniske billede. Her kan det ses, om der er arvelige misdannelser, eller om leddet på anden måde er i fare. Det er ikke altid nødvendigt med kirurgi; om det er nødvendigt eller ej afhænger af sværhedsgraden. Der er fire forskellige sværhedsgrader.

I første grad beskrives det, at knæskallen kan forskydes manuelt, så den glider tilbage til sin fysiologiske position. Det er ikke nødvendigt at gribe ind her, knæskallen glider af sig selv ind i styrerillen efter et kort skridt eller en kort rystetur. Den første grad er ofte usynlig og ikke genkendt af dyrepasserne.

Den anden grad kræver specifik manipulation, så knæskallen klikker på plads igen. Ofte kan hunden gøre det selv, selv om det er smertefuldt, men nogle gange skal en dyrlæge hjælpe.

Tredje grad kræver særlig hjælp og forekommer oftere, men adskiller sig ikke ofte fra anden grad på andre måder. Her kan en operation hjælpe, så knæets styrke kan øges. Dette indebærer en fordobling af fascien eller en stramning af ledkapslen. Dette giver knæskallen mindre plads til at bevæge sig. Der udføres en simpel operation for at manipulere forskydningen af fastgørelsespunktet, dette kaldes "tuberosity transposition". I sjældnere tilfælde uddybes den ledende rille, en "sulcoplasty".

Ved fjerde grad er der tale om en fuldstændig dislokation, og der kan ikke ske nogen repositionering. Den fjerde grad forekommer i forbindelse med artrose eller anden betydelig slitage af leddene. For at korrigere den fjerde grad er der behov for en korrektion i over- og underbenet - anatomien ændres, så knæskallen forbliver permanent låst i styresporet og ikke kan glide ud igen. Denne procedure kaldes en "osteotomi". Dyrlægen saver en kile af den skæve knogle, som derefter skrues sammen. Den fjerde grad er forbundet med stærke smerter og kræver konstant smertestillende medicin, selv efter operationen.

Efter en operation tager det en lang helingsproces. Stingene fjernes efter 12 dage, hvis hunden er blevet hvilet omhyggeligt i forvejen. Denne hvile skal fortsætte i seks uger efter, at stingene er blevet fjernet, og hunden må ikke være bundet i snor. Dette sker af forsigtighedshensyn, så bevægeligheden i leddet langsomt kan genopbygges. Desuden er der behov for fysioterapi, og hunden skal have en let bandage på i otte uger.

Hvis patella luksation er arvelig og genetisk betinget, fører andre sygdomme ofte til luksationen. Det er blot endnu et symptom på en mere udbredt deformitet. Selve knæskallen fungerer som en buffer i en enkelt sene. På grund af en fejlstilling er musklerne ikke i midten. Dette kan afhjælpes med konservativ behandling, som i første omgang ikke indebærer kirurgi. Dette gælder dog kun for første og anden grad.

Kosttilskud kan også bruges passivt til at opbygge brusk i leddet. Pilebark, grønlippet musling, djævleklo og methylsulfonylmethan (MSM) kan anvendes som kosttilskud.

ERNÆRING OG PLEJE

For at forstå, hvordan hundens fordøjelsessystem fungerer, og hvilken mad den skal spise, er det nødvendigt med et grundigt kig på dens forfædre. Ulven selv har aldrig været et rent kødædende dyr. Selv i dag spiser den ikke kun kød, men i naturen spiser den også urter, bær, rødder, græs og endda nedfaldne frugter. Ikke desto mindre henter den sine vigtigste næringsstoffer fra et revet byttedyr, som den æder ned til store knogler samt hud og pels. Derfor kan man sige, at argumenterne både for og imod en kødbaseret kost er berettigede. Selv om argumenterne baseret på forfædres viden lyder logiske, er det meget let at gå galt i en kost. Hundens fordøjelsessystem er langt mere følsomt end menneskers. Hvis den firbenede vens grundlæggende ernæringsbehov ikke opfyldes, kan forskellige sygdomme udvikle sig efter kort tid, herunder kræft og diabetes eller forskellige skelet-, hud-, hjerte-kar- og ledsygdomme.

BARFing anses for at være en af de bedste diæter til hunde i dag. Det er "biologisk artstilpasset, råkost". Med en ret stor indsats tilberedes et stort måltid af råt kød af høj kvalitet sammen med knogler, animalske olier og lidt grøntsager og frugt. Det virker artstilpasset, da intet er detaljeret hakket eller beriget, og det er det, der kommer tættest på det, en ulv ville spise i naturen, men når ulve opdager, at de mangler visse mineraler eller vitaminer, søger de efter dem og spiser ukonventionelle ting i ny og næ. En hund, der bliver fodret af sin ejer, kan ikke selv regulere sin vitaminbalance. Den spiser, hvad den får. For at undgå en underforsyning skal der tilføres de rigtige vitaminer, sporstoffer og mineraler. Mens fagfolk er meget begejstrede for denne tendens, fraråder dyrlæger den.

Bortset fra det tager BARFing meget tid, og det er ikke alle, der har råd til foder af høj kvalitet. Her skal det desuden nævnes, at BARFing bør undgås strengt for hvalpe, da det er alt for let for unge hunde at blive overforsynet med vigtige næringsstoffer. BARFing er også en ugunstig løsning for overvægtige eller syge hunde.

De, der ikke er bange for BARFing, skal dog følge en streng kostplan, søge råd hos en specialiseret dyrlæge inden for dyreernæring og også kende deres eget kæledyr meget godt. Så er det tid til at lave en sådan kostplan. Derfor skal ejeren vide, hvad en hund må og ikke må spise.

De fleste typer kød er sikre for en hund. Så du kan skifte mellem muskelkød, hovedkød og forskellige organer. Organer omfatter hjerte og nyre, lever og milt, bladmave, spiserør og vommen. Samtidig kan alle knogler spises, så længe de ikke er for store og ikke er kogte, da der ellers er risiko for splinter. Derfor kan hele kyllinger eller fisk også spises, da ben og knogler fra et råt dyr ikke splintrer. Hvis du vil fodre med svinekød eller svineorganer, skal du først tilberede dem.

Der kan serveres forskellige grøntsager til den. Blandt de mest populære er broccoli, fennikel, gulerod, bladsalat, pastinak, spinat, agurk og selleri samt rødbede. Kartofler kan også serveres, men kogte. Løg og avocado bør undgås hurtigst muligt.

Selv om der sjældent findes frugt i skovene, kan hunde godt lide smagen af frisk frugt. Tallerkenen kan derfor pyntes med abrikoser og æbler, pærer, brombær, jordbær, bananer, hyben og blåbær, hindbær, ribs, honningmeloner og vandmeloner, kiwier og kirsebær, mirabeller, ferskner, blommer og stikkelsbær. Vindruer og sultanas bør undgås, da de kan overstimulere tarmene.

Hvis en ejer ved, at hans egen hund lider af mangel, kan man bruge forskellige urter. Disse må kun gives i meget små mængder og skal altid skæres i små stykker. Populære urter er bl.a. basilikum, sankthansurt, lucerne, borage, brombærblade og dild, mælkebøtte, estragon, kommen og kamille, mynte, marjoram, persille og oregano samt timian.

I BARFing består måltiderne hovedsageligt af kød. Det skal være af høj kvalitet, og kun så indeholder det et afbalanceret mineralniveau og den rette mængde sporstoffer og vitaminer. Desuden er kød fra en slagter fri for farvestoffer, smagsstoffer og konserveringsmidler.

De fleste af de ingredienser, der findes i meget billigt hundefoder, bør undgås. Det drejer sig bl.a. om fjer, tænder og klove, horn, kløer, pels og hud samt blod og tarme, der er forurenet med afføring eller urin. Alle kønsorganer og kirtler, der indeholder hormoner, bør også undgås. Billigt hundefoder indeholder rester, som ikke kan forarbejdes yderligere til produkter af høj kvalitet. Som BARFer kommer man derfor sjældent i nærheden af disse ting. Det er mere almindeligt at anvende korn, animalsk mel fremstillet af malet slagteriaffald, vegetabilske biprodukter, fedtstoffer af lav kvalitet, f.eks. friturefedt, og tilsætningsstoffer som sukker, karamel, emulgatorer, surhedsregulerende midler osv. I sidstnævnte liste er der tale om konserveringsmidler, der ikke er deklareret som sådan, og som for det meste er blevet forbundet med allergifremkaldende, giftige eller endog kræftfremkaldende kemikalier.

De, der ikke har tid eller de nødvendige penge, kan stadig holde sig til produkter fra butikken. Du skal blot sørge for, at det fortsat er produkter af høj kvalitet. Det er værd at kigge på bagsiden og læse ingredienserne igennem. Det bør sikres, at der ikke er slagteaffald, tilsætningsstoffer eller biprodukter og ingen korn i dem. Hvis ingredienserne er uklare, bør de også undgås.

Den korrekte pasning af en hund omfatter ikke kun den rigtige ernæring, men også det ydre udseende skal passes på. Især når det gælder Kooiker-hunden, skal man være opmærksom på pelspleje, næse- og ørepleje samt pleje af poter.

Det er lige så vigtigt for hunden at blive striglet, som det er lige så vigtigt for mennesker at børste håret hver dag. Pelsen behøver ikke at blive børstet hver dag, men det bør dog gøres regelmæssigt. Den hollandske Kooikerhondje er ikke en af de langhårede racer, der har brug for daglig hjælp. Korrekt pelspleje kan forhindre, at parasitter sætter sig fast i håret. Parasitangreb opstår, når pelsen er beskidt eller knudret. Samtidig kan der opstå hudirritation eller betændelse.

Desuden kan flåter opspores og undgås. Især om sommeren bør din firbenede ven kontrolleres for flåter efter hver gang, du går tur. Flækkesæsonen begynder i marts og slutter i oktober. Flåter kan være en stor fare for hunde, da de ikke kun kan overføre borreliose, men også mange andre sygdomme. Problemet er, at symptomerne viser sig med forsinkelse og nogle gange først kan erkendes uger eller måneder senere. For langhårede hunde kan det betale sig at anvende en flåtkrave og/eller spot-on præparater.

Men det er ikke altid let at børste en hund. Allerede som hvalp skal den vænnes til en kam eller børste, da den ikke er vant til dette fra sine forfædre. Ved at børste kan man undgå mange ubehagelige situationer, især fordi hunde føler sig lige så godt tilpas, når de er rene, tørre og fri for skæl, som det er tilfældet med mennesker. Nederlandse Kooikerhondje bør børstes en gang om ugen, idet der lægges særlig vægt på omhyggelig kæmning af de lange ørehår.

I overensstemmelse med pelspleje bør alle hunde vaskes en gang om måneden. Problemet her er, at de fleste hunde ikke bryder sig om at blive badet. Desuden skal man sørge for at bruge de rigtige produkter, og hvis badet af og til skal aflyses, er det også forsvarligt.

Det er normalt lige så irriterende og ubehageligt for hunden at pleje poterne. Meget få hunde kan sidde stille i lang tid. Især om vinteren skal poterne have stor opmærksomhed. Vejsalt kan meget hurtigt få poterne til at blive ømme og sprukne - det er ubehageligt og forårsager store smerter. Beskyttende sprays og salver kan bruges til at modvirke dette, og nogle hunde synes endda, at sko er meget behagelige.

Allerede om efteråret skal poterne cremes. Så snart gåturen er slut, skal poterne vaskes grundigt med varmt vand, men uden sæbe eller andre produkter. Cremen bør ikke blive på huden i lang tid, da hunden ellers vil slikke sine poter.

Men selv om sommeren skal poterne inspiceres regelmæssigt. De skal være fri for skader og også tørre, da der ellers kan opstå infektioner. Plejen af Nederlandse Kooikerhondjes poter er ret nem, da de er meget rolige dyr, der lader sig gøre meget med dem. Desuden er deres pels ikke lang og strækker sig ikke længere end til poterne.

Men hvis der er problemer med poterne, kan de hurtigt identificeres. Hunde slikker naturligt deres poter for at tørre og rense dem, men overdreven slikken eller tygning kan være et tegn på ubehag. Dette indikerer normalt en hudirritation eller en skade. Hvis hunden ikke kun er optaget af én pote, men af alle poterne permanent, er det et tegn på parasitangreb eller en allergi under udvikling. En tur til en dyrlæge er især her værd at tage.

Pattepleje omfatter også pleje af kløerne. Normalt slides kløerne naturligt ned, når hunden går på et hårdt underlag. Dette er dog ikke altid tilfældet med husdyr, da parketgulve kan være meget glatte, og kløerne kan heller ikke slides ned på en græsplæne. De skal derfor om nødvendigt afkortes. Det er vigtigt at have en speciel kløtang, hvormed kløerne meget let kan klippes af, men her skal man være forsigtig: Kløerne må ikke være for korte. De trækker lidt ind og kan forårsage blødning.

Endelig skal der lægges særlig vægt på næsen og ørerne på firbenet. I mundområdet skal tænderne børstes. Dette kan forebygge tandsten og dårlig ånde, selv om hunde normalt klarer dette selv ved at tygge på tyggepinde eller knogler. Mange hunde kan også lide at tygge på tand-børster, så de selv kan rense deres tænder på en menneskelig måde. Ikke desto mindre skal tandlæget undersøges. Hvis plakken bliver gullig eller endda brun, skal der træffes plejeforanstaltninger, som hunden kun i me-get få tilfælde bryder sig om. Det samme gælder for ørerne. Hunde er meget følsomme og kan ikke lide at lade nogen røre ved indersiden af deres ører. Hvis ørerne ikke rengøres, kan de dog blive betændte, hvis de ikke bliver renset. Derfor bør ørerne skylles en gang om ugen. Vatpinde bør undgås hurtigst muligt. I stedet kan man bruge en sprøjte eller en stor pipette. Vandet skal hældes i ørerne uden pres og derefter tørres omhyg-geligt med et viskestykke. Det bliver kun ubehageligt, når man masserer ørebunden forsigtigt. Der kan være en ubehagelig knasende lyd, og hun-den vil helt sikkert ryste, hvilket får de fleste urenheder til at flyve ud af øret. Ørepleje bør derfor foretages i naturen. Der findes også plejepro-dukter, der holder parasitter væk og forebygger betændelse, men disse bør først drøftes med en dyrlæge.

Normalt har Kooikerhondje ikke brug for øjenpleje, men af og til bør den kontrolleres. Nogle gange er det kun øjenhjørnerne, der skal tør-res af, da de kan klistre sammen om morgenen på samme måde som hos mennesker. En klud, der ikke fnuger, og lidt lunkent vand virker særligt godt.

Yderligere kapitel: Tips til hurtig indlæring

Ved enhver form for lydighedstræning skal der være en eksisterende forbindelse mellem hunden og dens ejer. En sådan forbindelse er ikke altid let at etablere. Nogle hunde kommer til deres nye hjem med forudsætninger for traumer, mens andre har en naturlig aggressivitet. For at sikre, at træningen ikke ender i frustration, beskriver dette lille ekstra kapitel nyttige tips og tricks, som ikke kun sikrer en optimal start, men som også kan hjælpe i alle situationer.

Men før vi kommer til de nævnte tips og tricks, skal det først forklares, at det aldrig er let at opdrage et levende væsen. Det er en ansvarsfuld og krævende opgave, der er givet til et menneske. Det betyder bl.a., at ikke alle mennesker er skabt til en sådan opgave. Da det er tilfældet, er det vigtigt at indrømme dette. Der er ingen skam i det, og det forhindrer heller ikke nogen i at tilbringe livets drømme sammen med et andet levende væsen. Med den rette læsning og de rette samtaler med de rette personer er det i stedet muligt at hæve sig op over det med den rette læsning og de rette samtaler med de rette personer. Ikke desto mindre bør alle være opmærksomme på, at der kan begås mange fejltagelser. De groveste af disse fejl kan undgås med den rigtige taktik, men for hundens skyld er det vigtigt ikke kun at undersøge, men først og fremmest at fokusere på følgende tips, så en stressfri sameksistens kan være en selvfølge, både mellem veteraner og deres hunde og mellem nybegyndere og deres hvalpe.

At få en hund kan give en masse forventninger og en masse bekymringer. Nogle nye ejere forsøger derfor at give deres hunde en tilvænningsperiode, hvor visse ting er tilladt, som egentlig ikke burde være tilladt. Bagtanken er, at hundene skal føle sig godt tilpas i deres nye hjem. Det er trods alt en stor ændring. Det kan være stressende at flytte, og det er ikke kun tilfældet for mennesker. Det er en god idé at sætte sig til rette, men det er ikke til gavn for hunden. En tilvænningsperiode forsinker den egentlige træning, hvilket betyder, at hunden vil have svært ved at følge de grundlæggende regler i fremtiden. Som følge heraf kan det være svært for ejeren at gøre sig gældende. Hunde er særligt kloge dyr, men mennesker ville også blive meget forvirrede, hvis der pludselig blev forbudt nogle ting, som ikke var forbudt før. I begyndelsen var disse ting i orden, men nu medfører de straf. Et sådant net resulterer i det, som hundeeksperter kalder "negative forbindelser". Mere præcist er der tale om vaner. Hunden vænner sig til disse negative egenskaber, fordi de ikke var forbudt før - fordi hunden teoretisk set fik lov til at gøre alt, hvad den ville, i tilvænningsfasen. Det kan være vanskeligt at ændre en sådan vane. Det er heller ikke let for mennesker at ændre en vane, især ikke hvis det er en negativ vane. Med en hund er denne effekt maksimeret, fordi menneske og hund ikke kan kommunikere sprogligt. Hunden forstår derfor ikke engang, hvorfor der nu er sket en sådan ændring, eller hvorfor den skal straffes. I den forstand er det vigtigt at starte med de første grundlæggende ting med det samme. Der kan stadig være en tilvænningsfase. I denne indslusningsfase fokuseres der kun på det værste, som ikke kan få nogen konsekvenser i fremtiden. Derfor skal der fastsættes regler fra starten, og de skal følges. Hunden skal lære, at ikke alt er tilladt.

Faktisk er hunde og børn ikke meget forskellige, de kan begge lide at omgå regler og føler sig meget godt tilpas i gråzoner. Dette er et aktivt forsøg på at finde uddannelsesmæssige huller eller huller mellem regler. Når de er fundet, anvendes de straks. Et andet tip beskriver derfor behovet for enhed i hundetræning. Det betyder ikke kun, at det er vigtigt at følge op på konsekvenserne, men begge parter skal også forstå, at der ikke er nogen fridage eller ferier. På samme måde er det vigtigt, at alle personer, der er i kontakt med hunden, er enige om, hvordan hunden skal trænes. Det fører kun til forvirring, hvis hunden behandles forskelligt af forskellige personer. Det er så meget svært at forstå, hvorfor den ene person giver konsekvenser, mens den anden roser eller klapper ham for ubehagelig adfærd. Måneders træning kan endda blive ødelagt af dette.

En sådan forvirring er således et problem for alle parter, da ikke blot hunden er forvirret, men også ejeren kan være frustreret. Den bedste træning kan udføres konsekvent af den ene person, mens den anden forsømmer den.

Hvis du søger enhed, er du stadig nødt til at tage stilling til, hvordan uddannelsen skal foregå. Alle, der er i kontakt med hunden, skal føle sig godt tilpas. Det betyder, at forældre f.eks. ikke bare kan pålægge regler. I børns øjne kan de ofte virke hårde, og det er derfor, de fodrer og belønner hunden bag forældrenes ryggen. En forklarende samtale kan derfor være meget vigtig, især når det drejer sig om at anskaffe sig en familiehund.

Ligesom der skal være en klar kommunikation mellem mennesker, skal der også være en klar kommunikation med hunden. Menneskets bedste ven kan ofte behandles som netop det: som et menneske. Derfor sker det nogle gange, at folk taler i lange sætninger med mange komplicerede ord. På samme måde kan et menneskes følelser ikke formidles direkte i en lang sætning, eller mange følelser kommer til hunden på én gang. Når der indgås et intimt forhold, er en sådan talestrøm ikke kun naturlig og naturlig i et menneskeligt forhold, men også i forbindelse med en hund. Det kan endda være tilfredsstillende at tale til et dyr, som om det var et andet menneske, f.eks. hvis man har meget lidt kontakt med andre mennesker. I forbindelse med opdragelse af en hund bør dette dog undgås så vidt muligt. Det er ikke nødvendigt at forklare hunden præcis, hvad den har gjort forkert, men en tydeliggørende gestus, udtrykt med et simpelt "nej", kan allerede være tilstrækkeligt til at gøre det klart for hunden, at den har gjort noget forkert eller bør afholde sig fra at gøre noget. Ind imellem kan det ske, at en særlig klog hund forstår menneskets behov for at tale, men det sker meget sjældent. I stedet sker det, at menneskets stemme på et tidspunkt opfattes som baggrundsstøj. Dette fører til, at eventuelle instruktioner ikke længere når frem til hunden, og menneskets stemme ignoreres, fordi hunden er blevet vant til menneskets ord. Kommandoer skal introduceres fra starten, og de bør helst ikke ændres i løbet af træningen. De bør være konsekvente og anvendes universelt, så andre personer også kan give instruktioner i alvorlige situationer.

Med hensyn til disse klare instruktioner og klar kommunikation spiller den rigtige timing en vigtig rolle. Forkert timing fører til mange fejl, som kunne have været undgået. Hunde lever her og nu. Hvis de har en traumatisk fortid, er det meget muligt, at der vil blive draget paralleller til den, men de lever alligevel i nutiden. De har svært ved at tænke på fremtiden eller endda på den næste morgen. Det betyder, at reaktioner kun vanskeligt kan henføres til handlinger. F.eks. er det nu almindeligt, at en hund bliver strøget som en hilsen, selv om den hopper glad op ad benene. Denne negative adfærd bør minimeres under træningen. Problemet synes at være, at hunden har svært ved at skelne mellem, hvorfor den er blevet strøget. Han kan ikke skelne, om det er fra hilsenen, eller om han har gjort det rigtige ved at hoppe op på menneskets ben. Dette resulterer igen i en uønsket vane. Klar kommunikation indebærer, at reaktioner og handlinger samt følelser præsenteres klart og tydeligt. Timing spiller derfor en stor rolle. I det netop beskrevne eksempel skal du vente, indtil hunden enten er faldet til ro eller er blevet sendt til et bestemt sted af ejeren. Dette mindsker ikke hundens forventning, men den overvældethed, som den føler på grund af sine egne følelser. Det forklarer samtidig, hvorfor hunde ikke er særligt tålmodige. Denne tålmodighed skal først læres dem.

Med den rette motivation kan dette nemt lade sig gøre. Problemet er, at motivationen ikke blot varierer fra person til person, men at hunde også er meget unikke individer med deres egne ideer om, hvad motivationen bør være. Motivation behøver ikke altid at være en belønning. Belønninger kan helt sikkert skabe kortsigtet succes, men belønninger er ikke en langsigtet løsning. Det store mål med hundetræning er at sikre, at instruktioner følges, og at uønsket adfærd minimeres, selv om der ikke er nogen belønning. Det er derfor vigtigt at forstå, at en belønning er forskellig fra generel motivation, og at motivation skal være langsigtet. Det er ikke altid let at opnå perfekt motivation, da hunde ikke kan stilles spørgsmål. Derfor skal der findes en grund, som kræver hundens fulde opmærksomhed og trækker den hen til ejeren. En sådan motivation må ikke ligge i fremtiden, den skal være konstant. Dette kan opnås, når hunden lærer, at det er mest spændende at være sammen med ejeren. Sammen med positiv forstærkning kan dette skabe en harmonisk sameksistens. Årsagen til den positive forstærkning er derimod sekundær. Igen bør positiv forstærkning ikke sidestilles med en belønning. I stedet er det ros og belønning med omfattende leg i stedet for godbidder eller andre belønninger. Madbelønninger er en positiv forstærkning, men bør ikke gives som supplement til den daglige foderration. I stedet er det vigtigt at fratrække de nævnte madbelønninger fra den faktiske ration. Ellers vil hunden ikke kun overfodre, men også se belønningen som valgfri.

Forskellen mellem en passiv belønning og en aktiv belønning skal forstås. Passive belønninger er madbelønninger, som man godt kan undvære. Aktive belønninger er derimod aktive handlinger som f.eks. klapning, ros og leg. De kan ikke undværes.

Hunde er væsener, der kopierer menneskers adfærd. De reagerer meget lig deres ejere, hvilket bl.a. betyder, at de ikke viger tilbage for høje lyde eller pres. I de fleste tilfælde hjælper vold heller ikke. Det betyder, at det hurtigt kan blive frustrerende at forsøge at opdrage en hund. Hunde falder ofte tilbage i gamle adfærdsmønstre, og de fleste af dem er negative. For nogle ejere virker det derfor, som om hunden har glemt de sidste måneders træning, eller som om al træning har været meningsløs. Det ser ikke kun sådan ud, det er også tilfældet. Det er en udfordring for hunde at lære nye vaner og fastholde dem på lang sigt. De forsøger aktivt at følge instruktionerne, men de har brug for konstant gentagelse. Disse gentagelser skal udføres uden hastværk, med stor ro og uden pres. Alt andet gør kun hunden urolig, hvilket fører til endnu flere fejltagelser. Hundeejere skal bevare roen. Det bør internaliseres, at en hunds læringsatmosfære skal ligne et barns læringsatmosfære. Læringsprocessen skal internaliseres, før den kan anvendes aktivt. Ligesom børn skal usynlige anstrengelser belønnes.

Med hensyn til opdragelse kan hunde og børn derfor ofte være ens, men man bør stadig afholde sig fra at menneskeliggøre hunden. Eksperter mener, at hunde har menneskelige kvaliteter i deres karakter, men at de stadig er dyr, som bør behandles som sådanne. Det giver ikke altid mening at ty til videnskaben. Der kan være videnskabelige resultater, der bekræfter menneskelige egenskaber hos hunde, men inden for hundetræning bør man ikke tage hensyn til dem. Ellers kan der være en forståelse for, at hundene bevidst ikke følger en instruktion eller bevidst begår fejl. Dette er ikke tilfældet. Det er et menneskeligt træk, som ikke forekommer hos en hund, selv om andre træk godt kan være til stede. Det er tilrådeligt at individualisere uddannelsen. Så hvis det sker, at en kommando ikke bliver udført, har det en individuel årsag. Hunde har en ret enkel disposition, og derfor er det ofte de samme årsager, der gentages. Grundlæggende kan det siges, at enhver afvisning af en kommando skyldes en stor distraktion - opmærksomheden er ikke længere hos ejeren. I disse tilfælde kræver det en fornyet stigning i motivationen eller en gentagelse af den motivation, der er forsvundet. Tabet af en sådan motivation skyldes den naturlige nysgerrighed hos alle levende væsener. Nogle ting repræsenterer et mere spændende aspekt, end mennesket er i det øjeblik. Nysgerrighed bør ikke straffes, men der skal i stedet træffes individuelle foranstaltninger i forhold til situationen.

Folk udviser en høj grad af ambitioner. De stræber efter succes og forsøger at vokse ud over deres egne grænser og idéer. Dette er ikke tilfældet med hunde, men det kan alligevel ske, at netop denne menneskelige egenskab kræves af hunden. Det glemmes ofte, at hunde har en meget mindre intelligens. Ligeledes kæmper de med situationer og problemer, der er anderledes end menneskers, og som et menneske aldrig ville kunne forstå. Desuden har hunde forskellige sanser, så deres opfattelse fremkalder altid nye situationer. Man kan sige, at hunde er langsommere lærere end mennesker, selv om de anses for at lære hurtigt. Nogle hundeejere har svært ved at forstå dette. Mange ønsker ubevidst eller endog bevidst, at læringsprocessen er øjeblikkelig, eller at der ikke er behov for en læringsproces. Denne aktive ønsketænkning resulterer i frustration og gør hundens opdragelse meget vanskeligere. Det er derfor vigtigt at tage små skridt og belønne de mindste fremskridt. Det betyder bl.a., at sværhedsgraden ikke bør øges, selv om der er opnået succeser. Hunde er glemsomme og har brug for konstant gentagelse. En konstant sværhedsgrad er derfor en fordel. På samme måde er det vigtigt for mennesket at være en rollemodel og et eksempel. Han skal beskrive det tempo, som hunden kan tilpasse sig til. En anden gang skal der fokuseres på forbindelsen mellem menneske og hund.

Men selv med de tips, der er beskrevet indtil nu, kan den daglige gåtur stadig være en forhindring. Det er ikke kun en elementær del af hundetræningen, men også af samværet. Derfor bør denne første forhindring overvindes før al anden træning. Det er ikke ualmindeligt, at hundeejere frygter hver dag på ny og begynder at svede, når de skal ud at gå tur. Det skyldes, at den fælles duo står over for større forhindringer i omverdenen, end det er tilfældet i en lejlighed eller et hus. De bliver konfronteret med andre mennesker og andre hunde. Samtidig er hundens daglige motion et kontrolredskab. Den beskriver det første skridt til at se, om uddannelsen har haft en effekt. Inden for hjemmet er hundens "rolige adfærd" kun en delvis succes. Kommandoer og instruktioner skal især fungere uden for de fire vægge. Der er der langt større distraktioner, som kan medføre skader eller uønsket stress. Det er ikke ualmindeligt, at hunden adlyder ejeren i huset, men ikke i en park eller på et grønt område.

Hunden skal orientere sig mod ejeren. Dette kan opnås ved at gøre gåturen til en rutine. Det giver sikkerhed, men fører hurtigt til en ny vane, som kan blive kedelig i længden. For at en hund kan orientere sig mod mennesker, skal der derfor bruges nogle få tricks. Det er f.eks. en fordel, hvis den daglige gåtur kombineres med leg og sjov. På denne måde kan hundens opmærksomhed stadig holdes på mennesket, selv hvis der skulle ske interessante ting på vejen, f.eks. et klatrende egern i et træ eller en modkørende hund. Hvilken type sjov og spil der vælges, er helt op til det team, der består af menneske og hund. Opsamlingslege sikrer, at hunden kan slippe sin overskydende energi løs. Det har bl.a. den fordel, at han opfører sig bedre resten af dagen. På den anden side kan hovedspil eller søgelege være med til at udfordre hunden mentalt. Også på det mentale område kan der opnås en positiv udmattelse, hvilket giver et behageligt samvær. Dette omfatter også at bede hunden om kommandoer regelmæssigt. Man skal sørge for, at dette ikke bliver en rutine, men at det spontant bliver spurgt. Sammen med det pludselige retningsskifte er dette meget nyttigt. Det betyder, at hunden nu er tvunget til at orientere sig mod ejeren - det er den eneste måde at holde det sjovt på. Den fulde opmærksomhed er rettet mod ejeren. På samme måde er det stadig sjovt at spille på trods af læringsenhederne. Dette fører til, at det særlige bånd mellem menneske og hund styrkes yderligere, de kan have det sjovt sammen og skabe minder, som betyder mere for mennesket, men som hunden også kan huske.

I sidste ende er det vigtigt at forstå, at de beskrevne tips og tricks er netop det: Tips og tricks. Ejeren skal lære, at det er en holdindsats, når det drejer sig om at træne en hund. Det betyder, at der skal læres sammen, at begge parter skal lære nye ting og stole på hinanden. Dette gælder ikke kun for nybegyndere, men det er ligegyldigt, om hundeejeren har trænet mange hunde før, eller om træningen af firbenede venner er udført professionelt. Dyr er lige så meget individer som mennesker. Samtidig er forbindelsen mellem en hund og dens menneske derfor ikke kun individuel, men også speciel. Det kræver, at uddannelsen er individuelt tilrettelagt. Det skal være sjovt og opmuntre til læring. Her kan det betale sig at kommunikere med andre hundeejere. Der er mange, der gerne hjælper og yder passende støtte, hvis nogen er gået i stå. Selv om alle hunde er individuelle, kan de have lignende, hvis ikke de samme, træningsproblemer. Det er dog ikke alle hundeejere, der har venner eller familie, som har erfaring med hundetræning. I den forbindelse kan det være værd at besøge hundesportsklubber, mange grupper mødes i hundeparker, og problemer kan diskuteres anonymt online.

Opdragelsen af en hund kan se meget forskellig ud, men uanset hvordan den ser ud, er den en grundlæggende del af samlivet og kræver særlig opmærksomhed i denne henseende.

Afsluttende ord

Nederlandse Kooikerhondjes er fantastiske følgesvende i hverdagen og er velegnede til enhver situation, som de måtte komme i vejen for.

I denne bog er der lagt stor vægt på den lille spaniels historie. Efter at Kooiker-hundene næsten var uddøde i det 20. århundrede, blev deres avl konsolideret igen takket være tæven Tommie. For mindre end 100 år siden faldt antallet af dyr til 20 eksemplarer, da de var favoritter på mange områder af livet. Selv i dag er de et særligt populært valg i shelters og avlscentre, da deres udseende er unikt og deres karakter utrolig blid.

Det er modige dyr, der gerne roder i underskoven eller kaster sig ud i lavt vand. På trods af deres ret store flyttetrang er de altid et populært valg, når der bor børn i huset sammen med dem. Kooikerhondje er blid i sin håndtering uden nogen gnist af vildskab, den reagerer sjældent på høje lyde og lader sig ikke skræmme af fremmede dyr. For børn betyder det, at hunden ikke bare bider, hvis et barns hånd kommer ind i munden på den af nysgerrighed fra et menneske.

Takket være dens ikke-eksisterende skarphed er den en sand favorit inden for andejagt dengang og nu. I alle former for andejagt betragtes den nederlandske kooikerhondje som en lille fortrækkerhund. Den kan påtage sig mange forskellige opgaver, men at dræbe spillet er ikke en af dem. Dyrene bliver blot forskrækket, så jægeren kan affyre et velrettet skud. I disse tilfælde er det vigtigt, at hunden ikke har en vildtspidsertrang eller en kontrolleret vildtspidsertrang, for når den skræmmer dyrene, skal den vente på det rette tidspunkt, og når dyrene hentes, må der ikke være synlige tandmærker i huden. På samme måde betyder det, at dagligdags leg også kan foregå godt uden at gøre hunden for ophidset, selv om der kan være undtagelser.

På grund af deres alsidige talenter kan de små spaniels bruges på mange forskellige områder: i livredningstjenesten, som hjælpehund, inden for forskellige områder af jagt eller inden for hundesport. For at alt dette kan lade sig gøre, er det nødvendigt med et stabilt og styrket bånd mellem den firbenede ven og mennesket. Dette kan styrkes ved hjælp af forskellige metoder. Ved hjælp af positiv forstærkning i hverdagen kan f.eks. skræmte og bange dyr vænnes til deres nye hjem, fordi mange hunde kommer til deres nye hjem med traumatiske oplevelser og føler sig overvældet. Med positiv forstærkning kan man imidlertid også anvende respekttræning, som sikrer, at hunden anerkender og respekterer menneskets naturlige rangordning, og at uønsket adfærd som konstant gøen, stædighed, manglende disciplin og aggressiv adfærd over for mennesket eller andre hunde kan afhjælpes, og husholdningsundervisning kræver en lige så venlig og positiv tilgang. Nøgleordet her er tålmodighed. Det er ikke altid let at opdrage en hund, for de har deres eget sind. De er levende væsener med individuelle tanker, og det kan ofte ske, at nogle ting simpelthen er mere spændende, og at opmærksomheden i den henseende glider væk fra ejeren. Dette er naturligt og behøver ikke altid at blive korrigeret. Men det betyder også, at ulydighed nogle gange er mere givende end lydighed.

Hunde kan være lige så stædige, når det drejer sig om almindeligt udstyr. I træningsudstyr bruges kun få ting, og når det drejer sig om udstyr, kan de let udskiftes. Det er først, når det drejer sig om jagtudstyr, at dyre ting kommer i spil, og hvis hunden så er lidt stædig, kan det hurtigt ende i fortvivlelse.

Det samme gælder for fodring og pleje. Ved hjælp af en simpel trial and error-proces er det nødvendigt at finde ud af, hvilke mærker, produkter og stoffer der er behagelige for hunden. Der vil opstå dårlige køb, og det er ikke ualmindeligt, at hunde bliver meget dramatiske, når det gælder ugentlig pleje.

Det er derfor ikke ualmindeligt, at en hundeejers nerver er anstrengte, og det ændrer sig ikke, når man f.eks. sammenligner racerne. Nogle hunderacer er bestemt mere rolige end andre, og hos nogle er lysten til vildt mindre udviklet end hos andre, da nogle hunderacer er blevet avlet med henblik på jagt, men da de er individuelle eksemplarer, der hver især har deres egen vilje og sjældent straffes for deres fjollede adfærd, kan hårtrækning forekomme hos alle hunde.

Derfor er der i denne bog blevet skrevet et ekstra kapitel, som er fyldt med forskellige tips og tricks, så selv de små og alligevel særligt anstrengende og irriterende forhindringer i hverdagen kan overvindes.

Så denne guide er skrevet til alle dem, der overvejer at tage en Nederlandse Kooikerhondje ind i deres hjem, eller som allerede har taget en lille spaniel til sig og bare ønsker at lave lidt mere research eller har brug for lidt hjælp.

Kilder

AniCura (2022) Patellaluxation hos hunde. AniCura Germany Holding GmbH. Ravensburg.

Balke, M. (2017) Die Brauchbarkeitsprüfung für Jagdhunde - Was muss man da alles machen? Tysk jagtblog. Jagdconsulting. Zeven.

Balke, M. (2017) Die Ausrüstung den Jagdhund. Tysk jagtblog. Jagdconsulting. Zeven.

Baumann, T. (2022) Beziehung und Bindung als Basis der Hundeerziehung ("Erzieherische Grundlagen schaffen", "Soziale Bindungen enthält keine Materielle Werte", "Schattenseiten der sozialen Bindung" und "Die Sichere Bindung für zur Reduzierung von Abhängigkeit").

Cimarelli, G. (2016) Hundeejeres interaktionsstil: deres komponenter og forbindelser med kæledyrshundenes reaktioner på en social trussel. Grænser i psykologi.

Deutscher Jagdverband e.V. (2020) Unsere Jagdhunde (Die häufigsten Rassen in Deutschland). Sammenslutningen af tyske delstatsjagtforeninger til beskyttelse af vildt, jagt og   natur. con-vergence reklamebureau GmbH. Kempen.

Deutscher Tierschutzbund e.V. (2022) Umgang mit dem Hund - Erziehung, Training und Ausbildung. Deutscher Tierschutzbund e.V. Positionspapiere für Heimtiere.

Dr. Mackensen-Friedrichs, I. (2018) Succesfuld træning af hunde uden straf - og jorden er en skive.

CANIS, Center for kynologi.

Dr Zahn, K. & Dr Neuerer, F. (2020) Epilepsi hos hunde. Ismaning Veterinærklinik GbR. Ismaning. München.

Edeler, A. (2013) Tidlig jagtprægning. Hundeskolen på Rolandsbogen. Canigo UG. Bonn.

Krewer, B. (2020) Jagdhunde (Die Rassen und ihr Einsatzspektrum). Forfølgelse. Ekspertviden til jægeren. Deutscher Landwirtschaftsverlag GmbH. München

Kühne, A. (2017) Hinweise zur Ausbildung eines Jagdhundes. (Vores hunde: "Jagtpartner eller redskab", del 1 - del 4: Samarbejde som fører med jagthunden gennem motivation og kontrol) Ökologischer Jagdverein Bayern e.V. Markt Nordheim.

Langer, K. (2022) Grundlagen zum praktischen Hundetraining. Rådgivning om dyreadfærd Karin Langer. Adfærdsrådgivning - dyretræning.

Meismann, J. (2022) Arvelig nekrotiserende myelopati (ENM) hos hunde. Lucky's World. A Plus Detective GmbH. Dorsten.

Meismann, J. (2022) Von Willebrands sygdom (VWD) hos hunde. Lucky's World. A Plus Detective GmbH. Dorsten.

Nolte, G. & Wörmann, M. (2017) Der Jagdhund - Vom Welpen zum Gefährten. Ung jæger.

Schick, S. (2015) Hvad er dummy work? (En kort introduktion) Jagdspaniel-Klub e.V. Petersaurach.

Vogt, S. (2016) Die richtige Hundepflege - Tipps und Tricks für den Hundehalter. Quintina Digital GmbH. Kæledyrsmagasin. Zwickau, Leipzig.

Walter, M. (2021) De mest almindelige øjensygdomme hos hunde. SantéVet. VetAssur SARL. La Compagnie des Animaux SAS. filial i Tyskland. Frankfurt am Main.

Om denne serie: Min hund for livet

Dette er det seneste bind i en serie af kompakte, virkelighedsnære hundetræningsvejledninger. De enkelte racer præsenteres af forfattere, der har mange års erfaring og kærlighed til hunde. Vi ønsker dig mange lykkelige og afslappede år med din firbenede ven!

Vi ville blive glade for en positiv evaluering!

KOOIKERHONDJE

OTHER NAMES:
Kooiker, Dutch Spaniel, Dutch Decoy Spaniel,
Nederlandse Kooikerhondje

GROUP: Hunting (water) dog

BREED TYPE: Purebred

COUNTRY OF ORIGIN:
the Netherlands

Socialization
Friendliness
Trainability

40 cm (16 in)
9-11 kg (20-24 lb)

Lifespan   12 - 14 years

Size

Colour

Tryk

Printed by Libri Plureos GmbH in Hamburg,
Germany